浙江文化艺术发展基金资助项目

PROJECTS SUPPORTED BY ZHEJIANG CULTURE AND ARTS DEVELOPMENT FUND

浙江文化
基因丛书

吴越◎主编

浔溪溯源

南浔文化基因

金秋丽◎编著

杭州出版社

图书在版编目（CIP）数据

浔溪溯源：南浔文化基因 / 金秋丽编著. -- 杭州：杭州出版社, 2025. 1. --（浙江文化基因丛书 / 吴越主编）. -- ISBN 978-7-5565-2671-0

Ⅰ. G127.553

中国国家版本馆 CIP 数据核字第 2024UR4486 号

XUNXI SUYUAN——NANXUN WENHUA JIYIN

浔溪溯源——南浔文化基因

金秋丽　编著

策　　划	屈　皓
责任编辑	李竹月
责任校对	陈铭杰
装帧设计	王立超　屈　皓　魏君妮
美术编辑	王立超
责任印务	王立超
出版发行	杭州出版社（杭州市西湖文化广场32号6楼）
	电话：0571-87997719　邮政编码：310014
	网址：www.hzcbs.com
排　　版	杭州立飞图文制作有限公司
印　　刷	天津画中画印刷有限公司
经　　销	新华书店
开　　本	710mm×1000mm　1/16
印　　张	17.5
拉　　页	1
字　　数	277千字
版 印 次	2025年1月第1版　2025年1月第1次印刷
书　　号	ISBN 978-7-5565-2671-0
定　　价	68.00元

"浙江文化基因丛书"编委会

吴　越　叶志良　贾晓东　陈　明　孙　琳

沈　军　葛建民　缪存烈　乐　波　赵柯艳

王　俊　陆　莹　林华弟　章鹏华　盛雄生

陈贤敏　胡宏波　周　洁　胡凌凌　王军伟

柳虹羽　屈　皓　庄文新

（排名不分先后）

"浙江文化基因丛书"序

习近平总书记指出："支撑5000多年中华文明延绵至今的，是植根于中华民族血脉深处的文化基因。"[①] 浙江是中华文明的重要发源地之一，文化底蕴深厚，文化名人辈出。一叶红船从嘉兴南湖驶出，在时代浪潮中驭势而行；沿"唐诗之路"踏歌而行，千古诗篇回响在山水之间；还有良渚文化、宋韵文化、上山文化、黄帝文化、南孔文化、和合文化、阳明文化、丝瓷茶文化、古越文化、吴越文化……这些文化基因，共同铸就了浙江的"根"和"魂"。

2024年3月6日，浙江省文化广电和旅游厅印发《浙江省文化基因激活工程实施方案（2024—2026年）》，这是继2020年浙江省文化和旅游厅印发的《浙江省"文化基因解码工程"实施方案（试行）》《浙江省"文化基因解码工程"工作导则》和2021年8月浙江省文化和旅游厅印发的《建设文化标识推进文旅融合行动计划（2021—2025年）（试行）》之后，为更好担负起新时代新的文化使命，深入贯彻省委十五届四次全会部署，在全省实施的又一项文化基因重大工程。

[①] 习近平：《携手建设更加美好的世界》（2017年12月1日），人民出版社，2017年，第3页。

文化基因解码工程，是文化基因激活工程的坚实基础。文化基因，顾名思义，是指从文化形态切入，厘清其历史渊源、发展脉络、基本走向，从物质、精神、制度要素，语言和象征符号等进行分析、解码所提取的关键知识内核。文化基因解码，围绕中华优秀传统文化、革命文化和社会主义先进文化，按照3个主类、20多个亚类、约100个基本类型分别归档，确保历史年代、地理位置、流布范围等数据均记录在册，挖掘、研究、阐释优质"文化基因"，对全省文化资源进行全面梳理。这是一项集"查、解、评、用"于一体的综合性系统工程。全省开展90个县市区的文化基因解码任务，包括文化元素调查、文化基因解码评价、《文化基因解码报告》撰写、证据资料汇总保存建档等，并在此基础上建成"浙江文化基因库"。文化基因解码，起于"查"，终于"用"。"查"就是铺开"一张网"，广泛收集区域内的文化资源，作为"解"的对象。"解"重在找准四大要素，提取一组基因。四大要素是指物质要素（如原料、工具、环境等）、精神要素（如思想观念、群体性格等）、制度要素（如乡规民约、族规家规、礼节礼仪、表演技艺、创作技法等）、语言和象征符号（如方言、图形、标志、表情、动作、声音等）。通过对四大要素的分解梳理，遴选重点文化元素作为解码对象，从中提取出关键性的知识（技术）点。然后通过对选择的文化基因解码，从生命力、凝聚力、影响力、发展力四个维度进行质量评价。最终用基因塑造IP，以文旅IP开发作品、设计产品，以作品、产品点亮城市生活、赋能乡村振兴。浙江以文化基因为根、文旅融合IP为脉，打造了一条以城带乡、城乡互促的发展闭环，推动文化资源的"活化"利用，把解码成果与提高人民群众生活品质相结合,这就是"用"。以人文之美推动精神之富足,增强浙江高质量发展建设共同富裕示范区的文化自觉。

显然,文化基因是传承和创新的基石。文化基因作为一个社会文化系统的逻辑起点,是一个社会存在和进化、变革和发展的决定力量。文化基因解码就是要把社会文化系统中所表现出来的文化形态、思维方式、行动模式、礼仪符号、风俗习惯等加以还原,揭示其本初原因和底层逻辑。改革开放四十余年来,浙江出现了令人瞩目的"浙江现象",表现为快速的经济增长、蓬勃的发展活力、和谐的社会环境、显著的民生绩效。"浙江现象"源于浙江精神和浙江的文化基因。正确界定、充分挖掘浙江文化的内涵价值,解码浙江的文化基因,对于构建起有效支撑文化建设和旅游发展的"四梁八柱",推动文化建设和旅游发展各项指标持续名列全国前茅,着力建设新时代文化高地、中国最佳旅游目的地、全国文化和旅游融合发展样板地具有重要而深远的意义。

如何寻找突破口?各地在选"码"、解"码"、用"码"的整个闭环中,成立解码专项小组,构建"乡土专家+高校资源+系统人才"三方协作机制,高效推进解码工程。首批编辑出版的"浙江文化基因丛书"中汇集的富阳、南浔、南湖、绍兴、瑞安、平阳、苍南、普陀、岱山、嵊泗、定海、临海、南孔圣地、开化、常山、金华(经开区)、遂昌、云和、景宁、宁波江北等地的研究成果,正是在归纳总结、科学分析浙江文化基因的基础上,探索文化基因解码的方法和路径,同时从人类学、社会学的角度,运用现象学原理,在哲学层面进行解构、剖析,既有理论深度,又能方便应用。丛书勾勒出各地推进文化基因解码工程的概貌。成果本身的内容、方法、转化等，对各地都有很强的示范作用和借鉴意义。

可以说，"浙江文化基因丛书"中的成果，以浙江文化高质量发展为目标，以融合发展为重点，紧扣激活优秀文化基因，以文化基因的挖掘利用赋能文化事业和文旅产业发展，为我省文旅发展再上新台阶、为文化浙江建设贡献了力量。

叶志良
2024年秋于杭州

目　录

烟雨江南最南浔　　　　　　　　001
颐塘故道　　　　　　　　　　　003
叔蘋奖学金　　　　　　　　　　017
辑里湖丝　　　　　　　　　　　033
含山轧蚕花　　　　　　　　　　045
善琏湖笔　　　　　　　　　　　057
荻港古村　　　　　　　　　　　073
南苕胜境　　　　　　　　　　　087
嘉业堂　　　　　　　　　　　　099
练市柴火羊肉　　　　　　　　　115
练市船拳　　　　　　　　　　　127
菱湖鱼鲜　　　　　　　　　　　141
刘氏嘉宴　　　　　　　　　　　153
中西合璧建筑群　　　　　　　　167
南浔诗派　　　　　　　　　　　181
三道茶　　　　　　　　　　　　193
桑基鱼塘　　　　　　　　　　　205
双林绫绢　　　　　　　　　　　219
双林三桥　　　　　　　　　　　231

| 中共浙西北特委旧址 | 241 |
| 竹墩沈氏 | 253 |

| "浙江文化基因丛书"后记 | 263 |

烟雨江南最南浔

寻常巷陌蚕花盛,烟雨江南最南浔。每个到过南浔的人,都会被它的魅力所征服。它不仅有白墙黛瓦下的杏花烟雨,还有千百年积淀下来的文脉书香,才让它成功列入《世界文化遗产名录》,惊艳四方。

南浔地处长三角城市群的中心腹地,在太湖南岸,是浙江接轨上海的东大门,地理位置极为优越。南浔素有江南六大古镇之首的美誉,历史悠久,河道密布,纵横镇内,是典型的江南水乡,如一颗镶嵌在太湖之滨的明珠,静静地诉说着千百年来的文脉与沉淀。《浔溪溯源——南浔文化基因》一书旨在梳理和剖析南浔独特的文化基因,寻径探源,寻找那些塑造了这片土地上人民的地域人文性格的文化因素。

南浔,一个名字足以唤起人们对江南古镇的无限遐想。这里是江南文化的重要发祥地之一,其文化积淀之深、人文风情之独特,历来为文人墨客所赞颂。南浔不仅以其精美的园林、古朴的建筑、错综复杂的水系和桥梁而闻名,更以历史上的"南浔八景"、名扬天下的浔商和独树一帜的丝绸产业傲视群雄。

通过对南浔历史文脉的追溯,解读南浔文化基因,从古老的运河、典雅的园林到那些显赫一时、名扬天下的商号和家族，从织造精美的丝绸到那些流传百代的民间故事，每一段历史，每一片砖瓦，都体现了南浔的文化自觉和文化自信。

南浔文化是历史与现代的对话，是传统与创新的碰撞，是本土与世界的交融。南浔的文化基因如太湖的水，涌动流淌、融合共生、发展更新，从而赋予南浔以灵动和生命力。它不仅仅是我们南浔文化自信的有力支撑，更是优秀传统文化和价值的赓续传承。

《浔溪溯源——南浔文化基因》一书为读者揭开南浔文化的面纱。让我们一同走进这个历史与现代交织的水乡古镇，感受那些悠久的文化遗产和蕴藏其中的智慧与韵味。这不仅是对南浔文脉的梳理和溯源，更是对未来的期许。让我们共同领略南浔这颗太湖明珠所散发的独特光彩。

今年是南浔古镇作为中国大运河的一部分被列入《世界遗产名录》10周年。作为首个入选世界遗产的江南古镇，我们以习近平文化思想为指导，按照习近平总书记赋予浙江"努力成为新时代全面展示中国特色社会主义制度优越性的重要窗口"的新目标、新定位，传承创新，面向未来，共同努力创造属于我们这个时代的新文化。本书围绕南浔的中华优秀传统文化、革命文化和社会主义先进文化，以解码文化基因为切入点，力求抓住南浔最具有代表性、最核心的文化要素，把握文化基因形成、发展、突变的历史脉络，解码文化基因，扎实地推进南浔优秀文化的创造性转化、创新性发展，赋能社会文化发展迈入新的台阶。在建设社会主义文化强国、建设现代文明的奋斗和实践中展现新气象、新作为。

沈振华

2024年1月

颐塘故道

浔溪溯源　南浔文化基因

颐 塘 故 道

頔塘，又名荻塘，是太湖南岸一项规模庞大的古代水利工程。荻塘的开筑年代较早。方志记载，荻塘由晋吴兴太守殷康主持开筑，可溉田千顷。以其地多芦荻，故名荻塘。后经太守沈嘉重开，一度改名吴兴塘。唐代初期仍名荻塘，并经过多次整治：开元十一年（723），乌程令严谋道对荻塘的乌程至平望段进行过疏浚；广德年间（763—764），湖州刺史卢幼平也曾增修；贞元八年（792），湖州刺史于頔又进行了全线整修，"缮完堤防，疏凿畎浍，列树以表道，决水以溉田"，民颂其德，改名"頔塘"。頔塘与太湖溇港一起形成一张巨大的水网，把东、西苕溪下泄的湍急水流逐渐分流至大大小小的河港之中，既减轻洪涝之灾，又灌溉了浙北地区数万顷农田，它是太湖流域古代水利工程中的一项伟大的发明创造，有研究者将其比肩于郑国渠、都江堰。頔塘及太湖溇港的开挖是我国水利史上值得浓墨重彩描绘的壮举，有非常重要的历史和科学价值，对研究古代水利史、航运史和沿岸社会经济发展史具有重要意义。頔塘故道（因新中国成立后于南浔镇北开挖新航道而得以保留，自南浔西栅祇园寺旧址始至南浔东栅分水墩，全段均为砖石护坡，间有多处河埠及支流，总长约为1.8千米）则是頔塘分流下来的运河河道"活化石"，是运河水利工程、航运和南浔社会政治、经济、文化发展史的见证，具有较高的历史价值。

一、要素分解

（一）物质要素

1. 雨量充沛的气候环境

湖州市降水充沛，全年降水主要集中在春雨、梅雨和秋雨期。春季，随气温回升，降水逐渐增加，三至五月降水量占全年降水量的28%，其中四至五月为春雨期，两个月的降水量约占全年的21%。夏季是一年中温度最高的季节，也是降水量最多的季节，六至八月降水量占全年降水量的34%，其中梅雨期降水量约占全年的16%。秋季，气温渐渐下降，九至十一月降水量约占全年降水量的24%。

2. 西南高而东北低的地貌环境

杭嘉湖地区包括嘉兴市的全部和湖州市大部、杭州市的东北部，地势西南高而东北低，西部天目山区来水大部分从湖州北入太湖，东部平原河网则通过各溇港或泄入太湖，或泄入黄浦江，其中以排水走廊一路的排水量最大，占整个排水量的一半左右。頔塘至今仍是杭嘉湖平原上的一条主要排水河道。由頔塘、澜溪塘、运河为代表的平原河网通常被称为杭嘉湖排水走廊。

3. 江浙雄镇独特的经济地位

南浔在空间结构上由三个"十字港"构成。南浔镇中自西而东的运河与自南而北的市河相交构成"十字港","十字港在中市通津桥西、清风桥南、明月桥北,运河与南北二市河交午相贯处"。镇北面和镇南面还各有一个"十字港"。清代汪曰桢《南浔镇志》载:"阛阓鳞次,烟火万家,苕水流碧,舟航辐辏,虽吴兴之东鄙,实江浙之雄镇。"《巡抚常安请通判移驻南浔疏》也指出"南浔镇与江省接壤,地处湖滨,烟火万家,商贾云集"。到了明代嘉靖年间,由于丝市和丝织业的发展,南浔更成为江浙一带的商业重镇,"附近遍地皆桑,家家养蚕,户户缫丝织绸","水市千家聚,商鱼自结邻","夜市卖菱藕,春船载绮罗"等正是南浔当年的写照。

4. 丰富的矿产资源

上海是我国最大的城市和港口,它需要广大腹地的支持。湖州西南山区出产丰富的石灰石、块石和黄沙,正是上海冶金、建材等工业所需要的重要原材料。这类原材料依靠廉价的水运,通过頔塘源源不断运往上海。所到船只再从上海转运湖州需要的煤炭和其他物品,两相交流。頔塘是湖州至上海的重要航线,与江南运河同被誉为"黄金水道"和"中国的小莱茵河"。

(二)精神要素
温和的水乡民性

中国古代社会"贵士而贱工,崇道而卑艺"。湖州南浔地处浙北内陆,在整个近代都没有成为通商口岸,风气相对闭塞;境内河流湖泊众多,港湾交错,是著名的水乡和鱼米之乡。"水乡民性温和,文雅华丽,为江南之冠。生活既易,耽于安逸柔弱,不敢以身试险,故仅能各安其业","子弟娇弱成性,游惰视为故常"。民众求稳守礼有余,冒险开拓进取精神不足,因而宁愿把商业利润投资到稳定性较强的盐业、典当业、土地及熟悉的丝绸业,投资于收藏书画、典籍、古玩等文化事业,投资于构筑园林、别墅等置业方面,而较少投资到其他近代金融、工矿、航运事业中。富裕的生活、灿烂的文化、相对闭塞的环境,在湖州人的心理上积淀了安逸满足感,相对于开放口岸城市宁波的商人，湖州人更多地追求保守祖业，而不求创新，文人雅气占比较大。

（三）语言和象征符号
1. 小桥流水人家之江南风貌

頔塘风貌主要由小桥、流水和历史街区、传统民居等组成，整个镇区以水路为脉络，传统民居都临水而建，历史上有"小镇千家抱水园，南浔贾客舟中市"的记述。古镇区内共有河流7条，长4.5千米，面积0.68平方千米，占镇区面积的34%。民间则有"三步一桥，五步一拱"的说法。据20世纪30年代镇志，全镇共有石桥72座，现属市级文物保护单位的古桥有8座，其中洪济桥、通津桥、广惠桥被称为"南浔三大古桥"。全镇古镇保护区面积为2平方千米。保留比较完整的明清民居建筑有19处，约13万平方米，其中以明代建筑百间楼，董氏世德堂、寿俊堂，清代建筑张钧衡（字石铭）、张静江故居最为著名。现已部分对外开放的张石铭旧宅被称为"江南第一宅"，其占地面积4792平方米，建筑面积6137平方米。百间楼是南浔古镇中将历史街区、传统民居和小桥流水融为一体的典型代表，一百多间民居

临水而建，顺着弯曲的河道蜿蜒逶迤，白墙、青瓦、廊檐、古桥、水埠、河水、船只……呈现出一派典型的江南水乡特色风光。据国内著名专家考证，"纵观江南水乡，南浔百间楼是迄今为止保存最为完整并留有传统风貌的沿河民居群落"。

2."四象八牛"形象的塑造

在晚清同治、光绪年间，浙江湖州的水乡古镇南浔出现了一个因经营丝业而发家的、为世人瞩目的富豪阶层，他们的财产总额当在白银六千万至八千万两。这是令人吃惊的数字。因为19世纪90年代初，清政府每年的财政收入也只有七千万两左右。无疑，他们是近代中国最大的丝商群体。南浔的"四象八牛七十二墩狗"是当时社会历史条件下的产物，而这一富豪阶层一经崛起，便对湖州，乃至中国最富庶的江浙地区的社会、经济、文化变迁产生重大影响。

二、核心基因提取与评价

通过调研分析、综合评价，得出硕塘故道的核心文化基因："小桥流水人家之江南风貌"。

硕塘故道核心文化基因评价依据

评价项目	评价因子	评价依据（特点）	是否
生命力评价	文化基因存续的时间	自出现起延续至今，未曾明显中断	√
		自出现起延续至今，但多次衰微、中断后复兴	
		曾明显衰败，改革开放后开始复活复兴或历史溯源关键环节缺失，难以考证	
		文化形态主体已灭失，现存部分痕迹	
	文化基因的稳定性	在发展过程中保持相当稳定的状态	√
		在发展过程中存在明显的精神内涵、表现形式剧变	
凝聚力评价	文化基因的凝聚力及社会动员效果	曾广泛凝聚起区域群体的力量，显著推动过社会经济文化的发展	√
		曾部分凝聚起区域群体力量，对社会经济文化的发展产生过影响	
		凝聚过力量，创造过实际的发展动能，但未见对社会经济文化发展产生显著改变	
		仅在历史文献或口耳相传中存在，未见实际介入社会经济发展	
影响力评价	辐射的范围	具有全国性、世界性的影响力	
		具有长三角区域、浙江省影响力	√
		具有市县、乡镇影响力	

续表

评价项目	评价因子	评价依据（特点）	是否
影响力评价	提炼的高度	已经被古代文人士大夫和当代学者提炼为精神符号和理念理论	√
		单纯的样式、造型、工艺技术规范	
发展力评价	与当代精神追求和价值观念的契合	传统文化基因得到创造性转化、创新性发展；区域革命文化基因被完整继承、广泛弘扬；区域社会主义先进文化基因成为与浙江"三个地"相适应的文化高地	
		部分转化、部分弘扬、部分发展	√
		难以转化、难以弘扬、难以发展	

说明：基因特点评价是对解码出来的基因，根据本《导则》表2的要求，围绕"四个力"逐一对表打"√"，进行定性表述

（一）生命力评价

頔塘前后经过历朝多次重修，其中民国十二年至十七年（1923—1928），湖州、南浔地方筹资83万元重筑堤岸，改为石砌，使塘岸"泥石交融，固粘不解"。塘岸上都用水泥压栏石，使塘岸坚固，塘路整齐。在这次修筑中，塘岸两边的广大群众和众多的工程技术人员，做出了重大贡献。根据碑文记载，修筑工程共花银二十八万四千七百余元，大部分由浔湖商界和群众资助，其中南浔庞氏、张氏、刘氏各捐助三万元。为褒扬此举，民国十八年（1929）在今晟舍乡旧馆建立了頔塘碑亭，亭中立《重建吴兴城东頔塘记》碑石，高约3.5米，宽1米，石碑正面刻碑文，背面列捐款单位、姓名、金额、收支等。现此碑石砌在亭的北墙之内。

（二）凝聚力评价

頔塘最早可追溯到西晋太康年间（280—289），由吴兴

太守殷康主持开凿，因两岸多长芦荻，故称"荻塘"，又名"吴兴塘""东塘"。頔塘从湖州东门迎春桥经南浔至江苏平望莺脰湖，汇入大运河，全长60多千米，是江南重要的交通航道、漕运通道和水利设施。唐贞元八年（792），湖州刺史于頔动员民工大规模修建，"缮完堤防，疏凿畎浍，列树以表道，决水以灌田"，在塘北岸筑堤岸，供行人车马使用，民颂其德，改名"頔塘"。

（三）影响力评价

如今，中国大运河已成功入选《世界文化遗产名录》。江南运河南浔段作为一个独立的遗产区，具体包括"一段一点"："一段"系河道本体，即頔塘故道；"一点"指运河附属遗产——南浔镇历史文化街区，即南浔古镇，面积1.68平方千米。大运河南浔段总面积2.18平方千米，其中遗产区0.92平方千米，缓冲区1.26平方千米。南浔"一段一点"作为运河遗产，不仅真实地反映了江南运河在古代通航时期的原始材料、框架和形态，也直观地印证了城镇与运河相伴相生、生生不息的特点，而漕运、丝业的繁荣促进了南浔的发展，使南浔成为江南水乡古镇的杰出代表。这条故道从西栅祇园寺旧址向东穿越古镇，出东栅分水墩进入江苏省境内，约长1.6千米，是頔塘沿线至今保存最为完好、原真的一段河道。与其说頔塘故道是南浔古镇的组成部分，不如说是頔塘故道孕育出了江南水乡南浔这片富庶的土地，故頔塘故道有"运河活化石"之称。

（四）发展力评价

今日的頔塘在这条碧玉长带上轮声日夜鸣，船队长龙行，两岸鱼米乡，蚕桑更茂盛，呈现着一派欣欣向荣的景象。泛舟頔塘，游人目不暇接，实是旅游之佳处。南浔因故道而生，因故道而兴。頔塘故道是南浔以辑里湖丝为代表的蚕丝业走向世界的重要通道，而西方先进的文化思想亦是借由頔塘故道传入南浔的。各个时代的思想在这片水流中碰撞转化，南浔古镇拥有了与其他江南古镇所不同的中西方文化交融共存的特点，这一特点在南浔古镇的建筑风格上得到了充分的展示。如今，頔塘故道通津桥至洪济桥段已是古镇主要旅游景点，是南浔古镇重要的文化景观。頔塘故道上保存的石拱桥，其构造和选材富有地域特色，建造工艺代表着江南水乡桥梁建造工艺的最高水平，具有一定的研究价值。近年来，頔塘故道包容、开放的基因更是有了新潮的转化。自2019年起，南浔古镇桨板公开赛在这片水域上精彩亮相，每年都有来自世界各地的选手参与，頔塘凭借其得天独厚的优势，成为赛事用地的不二之选。

三、核心基因保存

"小桥流水人家之江南风貌"作为颐塘故道的核心文化基因,保存形态主要有三种:第一种是文字资料,如贾祖华《颐塘今昔谈》(《中国水利》1986 年 06 期);第二种是视频资料,如《南浔的母亲河——颐塘》;第三种是实物,即位于南浔古镇的颐塘故道。

叔蘋奖学金

浔溪溯源　南浔文化基因

叔蘋奖学金

"叔蘋奖学金"是南浔籍人士顾乾麟先生秉承其父亲叔蘋公"得诸社会,还诸社会"的遗训,于1939年在上海所创立的,主要目的是帮扶当时濒临失学的家境清寒、品学兼优的学生。1986年起,顾乾麟先生先后在上海、北京、湖州续办叔蘋奖学金,每期奖励名额为600至800人。1995年10月,顾乾麟先生又慷慨捐出1000万港币作为奖学金基金,决心将叔蘋奖学金长期办下去。顾乾麟先生数十年来支持叔蘋奖学金,一直得到夫人刘世明女士的支持和帮助,他们夫妻均为湖州南浔籍人士。顾乾麟先生逝世后,其次子顾家麒继任基金会主席,和历届得奖同学一起将叔蘋奖学金续办至今。多年来,叔蘋奖学金的给奖面不断扩展。至2019年,设奖中学达36所。上海的设奖中学有上海中学、市三女中等14所,北京的设奖中学有北京市第八中学、北京市第四中学等11所，湖州的设奖中学有湖州中学、南浔中学等10所，阜阳也有1所设奖中学——阜阳第一中学。叔蘋奖学金提倡连续获奖，在中学阶段获奖的同学都能在大学阶段继续申请。外交部前部长钱其琛，中共中央对外联络部原部长李淑铮，海军装备技术部原部长郑明，中国工程院院士、国防科技大学教授高伯龙，等等，都曾是得奖同学。

一、要素分解

（一）物质要素

富庶殷实的经济环境

在晚清同治、光绪年间，浙江湖州的水乡古镇南浔出现了一个因经营丝业而发家的、为世人瞩目的富豪阶层，时人以三种动物形体的大小来标明他们财产的多少，逐渐形成了"四象八牛七十二墩狗"的谚语。他们的财富究竟各有多少，民间说法不一，一般认为"象"指拥有财产百万两以上的富豪，五十万至百万两者称为"牛"，三十万至五十万两者称为"狗"。在被称为"象"的刘、张、庞、顾四家中，三家在颐塘沿线上，其中刘家财产达两千万两，张家一千二百万两。被称为"牛"的有邢、周、邱、陈、金、张、梅、邵八家。他们的财产总额当在六千万至八千万两。这是令人吃惊的数字。因为19世纪90年代初，清政府每年的财政收入也只有七千万两左右。无疑，他们是近代中国最大的丝商群体。南浔"四象八牛七十二墩狗"的兴起，是当时社会历史条件的产物，而这一富豪阶层一经崛起，便对湖州，乃至中国最富庶的江浙地区的社会、经济、文化变迁产生重大影响。

（二）精神要素

1. 从清寒但勤奋有志的青年中选拔人才的教育观

教育是一个广泛的社会现象，面向整个社会，要想教育出成批英才，需要对教育对象进行选择。顾乾麟先生于1939年在日军侵占上海的恶劣形势下，深切认识到：欲达国富民强，必须有一批立志振兴中华的有为青年。他创办"叔蘋"，正是出于这样一个愿望。"叔蘋"选拔人才的对象首先是中学生，着眼于家境清寒、学习成绩在85分以上者。因为中学教育处于学生世界观的形成阶段，能取得较好的教育效果，而清寒子弟更珍惜自己濒于失去、幸又重得的学习机会，能刻苦钻研学问，加上对他们灌输"得诸社会，还诸社会"的思想，能促使他们发愤图强，立志振兴中华。在校学习成绩良好的清寒子弟，只是具备申请"叔蘋"的报名资格，报名者还要经过考试，考试通过者要接受家庭经济情况调查。凡被录取、获得叔蘋奖学金的学生，初中毕业后可继续申请奖学金念高中、读大学；读不收学费的国立大学者，可以申请膳食费和书籍费；大学毕业、学习优异、志愿留学者，也可申请奖学金资助。但这一切又都是有条件的：凡每学期在校成绩总平均分达85分以上，可取得全部学杂书费；一旦成绩下降，需再经过"叔蘋"自设考试，依照考试成绩分别给予2/3、1/2学费不等；如果在校成绩优异，除获得全部学杂书费外，还能拿到计算尺、字典等奖品。"叔蘋"的这些规定，使得获奖学生具有不断求上的心理，在求知欲最旺盛的时期，等待他们的不再是失学的担忧，而是激励和鞭策，他们可以一往无前地在科学阶梯上攀登，尽情发挥他们的才华。

2. "得诸社会，还诸社会"的教育思想

学生从取得叔蘋奖学金的第一天起，就不断受到"得诸社会，还诸社会"的思想教育。这条富有哲理的命题，在当时有三层含义。

第一层，"叔蘋"是来自社会的财富，顾乾麟先生要求得奖学生不是报答他本人，而是为社会尽责任，为祖国做贡献。

第二层，知识来自社会，学到的知识和得到的才能理应还给社会；做到了"得诸社会，还诸社会"，便是

一个对社会有益的人；得诸社会的愈多，还诸社会的义务愈大。

第三层，学习不是个人的愿望，而是求知欲和社会需要的统一。如欲对社会多做贡献，就应勤奋学习，努力工作；得诸社会的愈多，还诸社会的能力愈强——这种循环关系，鼓励人们更加刻苦学习，为社会做更多的贡献。

因此，"得诸社会，还诸社会"的主旨教育青年不但要摆正个人和社会的关系，而且要争取为社会发展做更多贡献而学习。它给予得奖学生的影响是极为深刻的。

顾先生利用一切机会向得奖学生进行"得诸社会，还诸社会"的教育。在每学期授奖典礼上，都可以听到顾先生本人或者他请来的教育家和社会名流对这八个字的教导；顾先生放手让得奖学生参与全部奖学金的管理工作，鼓励得奖学生成立自己的同学会，进行自我服务、自我教育，还要求每个同学都要在课余为"叔蘋"做一份社会工作。"叔蘋"组织是一个"小社会"，顾先生创造各种条件使"叔蘋"同学在这个"小社会"里锻炼，为将来学成后服务于大社会作准备。因此，对每个"叔蘋"同学说来，"得诸社会，还诸社会"不是一种哲理性的说教，而是自己天天实践着的行动。直到40年后的今天，许多得奖学生在回忆自己的成就时都说："我的一些成就，就是在履行叔蘋'得诸社会，还诸社会'的宗旨。"

（三）制度要素

1.实施以学校教育和社会教育相结合的教育原则

设立"叔蘋"的目的是培育一批具有较高智商和较有发展前途的人。他们的精神世界、求知欲望、道德面貌、生理素质等是影响今后个人发展的重要条件。他们都已经在各自学校里接受了系统的书本教育，所缺乏的正是社会实践教育，应该为他们补上这一课，把学校教育和社会教育结合起来，作为培育优秀人才的途径。创办"叔蘋"就是要在这一途径中，使获奖学生得到全面发展和自我肯定，使他们具有健康的学习动机和职业动机，以增强学好知识的自觉性，并加速个性发展。所以，"叔蘋"自创办以来一直实施着三条教育原则：思想教育和知识教育的统一；学校教育和社会教育的结合；教育必须体现对学生品格、能力和未来职业的引导。

实施与学校教育相结合的社会教育是"叔蘋"教育的核心，其内容大体有三个方面：

第一，"叔蘋"同学会内部的自我教育——"叔蘋"同学会内设立了图书馆、理化实验室，成立了叔蘋通讯社，出版叔蘋会讯和叔蘋月刊，举办适合不同年级学生需要的学术讲座……这一切都由得奖同学自行组织、自行管理。许多同学在这里成为图书馆长、实验室主任、通讯社社长、记者、编辑、学术讲座主持人……从中得到锻炼。

第二，以职业需要为内容的职业教育——"叔蘋"考虑多数学生毕业后的职业需要，举办了缝纫班、英文打字班、速记班、看护班、国术班等，培养学生具有一技之长。

第三，以大社会为背景的社会教育——包括"叔蘋"的管理工作和为社会其他福利机构效力的服务工作两大部分。例如：面向全上海数十所中学的"叔蘋"招生、考试、家境访问以及奖学金发放等；面向上海40余所特约医院和7000余急病患者的"上海市民急病医药助金社"的服务工作（筹建、病情访问、患者家境调查、医药费发放、善后处理等）；以及参与顾乾麟先生为收养了1200名流浪儿的"上海难童教养所"组织义演（由顾乾麟先生协同梅兰芳博士等组织义演，资助建设教养所教学楼）的服务工作等。在这些活动中，广大"叔蘋"同学深入社会底层，了解群众疾苦，认识种种社会现象，树立毕生要为广大群众谋福利的信念。

2. 运用知、情、意、行融于一体的教育形式

对学生的教育，实质上是对学生的心理和行动施加影响，其目的在于塑造他们良好的个性特征和品质，包括觉悟、品格、信念、才能、责任感、人际关系等。这种教育必须在学好知识的同时进行情感、意志和行为的熏陶和交流。顾乾麟先生十分重视知、情、意、行的统一，把它们有机地融合成一体，构成"叔蘋"独特的教育形式。

顾乾麟先生高度重视得奖学生的知识水平，用多种方式鼓励学生取得优异成绩。在此基础上，他对全体"叔蘋"同学倾注了无比深厚的感情：他关心学生的健康，特邀上海著名内、外科医师为全体学生免费医疗；他关心学生的课余生活,出资租了一幢楼房作为学生课余活动场所,这个场所实际上就是许多同学的第二课堂;他为了调剂学生的学习生活,每年春假组织上百名同学赴苏州、无锡、嘉兴、杭州免费旅游;他甚至把自己的家也作为"叔蘋"活动的乐园,每逢节日,他和夫人都要在自己的花园里和数以百计的学生联欢,每逢重大事件,他都要和"叔蘋"同学会理事在自己的客厅里商讨工作。在日军占领租界、抢夺了他的资产后,他和夫人一起变卖了家产和首饰,坚持把"叔蘋"办下去,不让一个"叔蘋"学生失学。

顾乾麟先生把每一个"叔蘋"学生都看成自己的弟妹,对每一个学生的成长都寄予厚望。"叔蘋"招生时,他亲临考场,支持鼓励;"叔蘋"学生在中学毕业后考进清华、北大,他和夫人设宴饯行,桌上放一碗南瓜汤,要求同学北上学习、勿忘南方;"叔蘋"同学出国留学,他为每人做一套制服,亲自到码头送行,要求他们留学归来为国争光;平时,他经常用"以孝事亲,以信为本,以诚待人,以慎处世"这四句话教育大家,他几十年如一日地这样做着,也殷切地要求每一个"叔蘋"学生把这句话作为自己

的格言。这种深厚的感情、坚定的意志和感人肺腑的行为，对每一个"叔蘋"学生都是深刻的教育，永远铭记在每个人的心间。

（四）语言与象征符号

位于南浔镇小莲庄的叔蘋奖学金展览馆是回顾"叔蘋"历史、展示"叔蘋"成就、启示激励后人的教育场所，2010年被浙江省政府授予省爱国主义教育基地称号，曾迎接过多位国家领导人的到访，包括时任浙江省委书记习近平、时任中央政治局常委王岐山等。叔蘋奖学金得奖同学之一的钱其琛曾感慨叔蘋奖学金是中国近代史上最早的希望工程。1989年，叔蘋奖学金成立五十周年之际，江泽民同志为叔蘋奖学金题词——"热心教育事业，培养建设人才"，充分肯定叔蘋奖学金为社会培育人才的积极意义。

二、核心基因提取与评价

通过调研分析、综合评价，得出叔蘋奖学金的核心文化基因："从清寒但勤奋有志的青年中选拔人才的教育观，'得诸社会，还诸社会'的教育思想，实施以学校教育和社会教育相结合的教育原则，运用知、情、意、行融于一体的教育形式"。

叔蘋奖学金核心文化基因评价依据

评价项目	评价因子	评价依据（特点）	是否
生命力评价	文化基因存续的时间	自出现起延续至今，未曾明显中断	√
		自出现起延续至今，但多次衰微、中断后复兴	
		曾明显衰败，改革开放后开始复活复兴或历史溯源关键环节缺失，难以考证	
		文化形态主体已灭失，现存部分痕迹	
	文化基因的稳定性	在发展过程中保持相当稳定的状态	√
		在发展过程中存在明显的精神内涵、表现形式剧变	
凝聚力评价	文化基因的凝聚力及社会动员效果	曾广泛凝聚起区域群体的力量，显著推动过社会经济文化的发展	√
		曾部分凝聚起区域群体力量，对社会经济文化的发展产生过影响	
		凝聚过力量，创造过实际的发展动能，但未见对社会经济文化发展产生显著改变	
		仅在历史文献或口耳相传中存在，未见实际介入社会经济发展	

续表

评价项目	评价因子	评价依据（特点）	是否
影响力评价	辐射的范围	具有全国性、世界性的影响力	√
		具有长三角区域、浙江省影响力	
		具有市县、乡镇影响力	
	提炼的高度	已经被古代文人士大夫和当代学者提炼为精神符号和理念理论	√
		单纯的样式、造型、工艺技术规范	
发展力评价	与当代精神追求和价值观念的契合	传统文化基因得到创造性转化、创新性发展；区域革命文化基因被完整继承、广泛弘扬；区域社会主义先进文化基因成为与浙江"三个地"相适应的文化高地	√
		部分转化、部分弘扬、部分发展	
		难以转化、难以弘扬、难以发展	

说明：基因特点评价是对解码出来的基因，根据本《导则》表2的要求，围绕"四个力"逐一对表打"√"，进行定性表述

（一）生命力评价

叔蘋奖学金是由湖州南浔籍著名爱国人士顾乾麟先生于1939年在上海创办的面向清寒、优秀中学生的奖学金。时至今日，叔蘋奖学金已历时80余年，上海、北京、湖州、阜阳四地得奖学生累计9300多名。目前，每一年奖学金的颁奖规模包括上海、湖州、安徽阜阳的400人，以及北京的220余人左右，合计600余人，每一年新增的得奖同学约220人。"叔蘋"大家庭可谓人才荟萃，熠熠生辉。叔蘋奖学金创办至今，新中国成立前得奖的学生大多已白发苍苍，年近或年过九旬。他们几经历史的磨炼考验，"得诸社会，还诸社会"之志，老而弥坚。新中国成立后得奖的学生则风华正茂，蓄志奋进，因时代进步，较之之前得奖的同学，更是青出于蓝而胜于蓝，可

以担得起新世纪的强国大任。顾乾麟先生去世后，次子顾家麒先生接管叔蘋奖学金管理委员会，目前正逐步传递到第三代顾伟诚先生手中。1990年4月，在南浔小莲庄内建成"叔蘋奖学金成就展览馆"（后更名为"叔蘋奖学金展览馆"）并正式开放，展览馆设置"麟公业绩""奖学历程""桃李满园""迈向未来"等栏目，通过图片、文字、影像、实物等各种形式，充分展示顾乾麟先生和他所创办的叔蘋奖学金的光辉业绩，广泛宣传"得诸社会，还诸社会"的"叔蘋精神"。作为回顾历史、展示成就、启示后人的教育场所，截至目前参观人数累计500多万人次。2010年，叔蘋奖学金展览馆被授予"浙江省爱国主义教育基地"称号。

（二）凝聚力评价

以"得诸社会，还诸社会"为核心理念的叔蘋奖学金主要通过捐资助学、关心培养下一代来承担社会责任，积极回馈社会。南浔不少当代企业家秉承这种理念，投身于社会公益事业，尤其热衷于面向教育事业的捐资助学，使得"叔蘋精神"不断发扬光大。全区崇学向善蔚为风气，刘湖涵奖学金、倪萍荪奖学金、张乃新奖助学金、振奋奖助学金、南方通信高考升学奖等基金会先后成立。以2012年不完全统计为例，全区各爱心企业通过冠名基金、捐资助学、爱心结对、援建学校等多元化助学方式，用于各项奖、助学金的总额达257.5万元，受益学生达21828人。

同时，在助困、助残、助老、关爱外来务工人员等各类社会公益活动中，南浔当代企业家也走在前列：南浔银行设立1000万元的专项特困基金，浙江久盛地板有限公司捐资50万元创建森林大道；湖州练南建设工程有限公司开展"关爱农民工"活动，创办民工学校，免费对农民工进行技能培训。这些替社会办实事、让群众得实惠的企业爱心行动逐步发展成为南浔的一道"最美"风景，生动诠释了以"务实、守信、崇学、向善"为内涵的当代浙江人共同价值观。

（三）影响力评价

早期叔蘋奖学金于1939年在上海创办，至1949年新中国成立前共有约1100名学生获奖。这些获奖学生不但得到顾乾麟先生提供的奖学金资助，得以完成学业，还获得了诸如管理图书馆、实验室等丰富的实践机会，以及在医疗、升学等方面的福利帮助。获奖学生还参与了上海市民急病医药助金社的组织工作，更多地服务于社会。这些获奖学生之后在国家建设和民族振兴中发挥了自己的力量，他们分布在科研教育、国防军工、医疗卫生、新闻出版、党政军行政等各个领域，其中涌现出一大批优秀人才，有国家高级领导人、院士、将军、教授等。1986年，叔蘋奖学金在上海续办，1988年又分别在北京、湖州续办。续办后的叔蘋奖学金得奖学生，分布在清华大学、北京大学、复旦大学、上海交大等20多所重点院校。他们品学兼优，很多学生在省市、全国甚至国际性学科竞赛中获奖，在高考中夺魁；走上工作岗位后的"叔蘋"得奖学生也已崭露头角，成为"跨世纪学科带头人""杰出青年"等，也有相当数量的同学出国深造。

（四）发展力评价

进入新时期以来，土生土长的当代南浔企业家，由于长期受本地深厚历史文化底蕴的熏陶，对浔商文化和象牛精神一脉相承、一以贯之，从而进一步弘扬助人为乐、奉献爱心的良好风尚，有力提升了这一群体在社会上的影响力、美誉度。进入新时期以来，一大批南浔当代企业家积极践行"得诸社会，还诸社会"的"叔蘋精神"，乐善好施、回馈社会，生动彰显了"向善"的价值取向，具有一定的地域特征。在传承发展"得诸社会，还诸社会"的"叔蘋精神"的实践行动中，当代南浔企业家中涌现了一批勇于担当社会责任，积极开展帮扶活动的带头人。如浙江巨人控股集团有限公司在2012年中，出资107万元开展"读书点亮希望，巨人助推成长"活动，面向南浔镇、南浔经济开发区所辖中小学及三所外来民工子弟学校，为21263名学生捐赠课外读物；出资21万元，向全区家庭生活困难的105名中学生、大学生发放助学金；出资31.5万元，缓解南浔中学63户家庭困难学生的经济负担；捐资100万元，资助南浔中学建设运动场。南浔银行、巨人控股、世友木业、久盛地板、浙江富钢、佳丰纺织、久立集团、莱茵集团等8家企业冠名定向慈善基金达4050万元，每年可用救助款达到243万元；星光农机制造有限公司资助20万元，向全区40多名特困大学生定向捐赠助学。部分以"象牛"企业为代表的企业家，通过自身的实际行动，带动了所在行业中一大批中小企业投身公益事业，在全区形成了龙头带动、广泛参与的良好格局。

南浔区慈善总会、团区委、关工委、妇联等部门创新工作方式，设计推出一批公益活动项目，为企业家参与社会慈善事业搭建捐助平台。区慈善总会以"依靠社会办慈善，办好慈善为社会"为方针，实施"冠名救助金"项目，让企业在做慈善的同时提升企业形象，使公司利益同社会责任统一协调发展。团区委自2011年持续开展"爱在南浔、圆梦心愿"青少年关爱活动以来，通过认领"梦想心愿"的方式，引导社会力量尤其是企业家主动参与，累计帮扶贫困新南浔青少年、贫困学生、残疾青少年731人次。另外，"慈善一日捐""慈善关爱送万家""扶志助飞——抓紧孩子的手""创业扶一把"等各类公益项目成为企业家奉献爱心的有效平台，得到了全社会的广泛关注和支持。同时，各企业家也结合各自的实际情况，自主开展捐助活动，如：巨人控股为南浔实验小学校友廊项目捐助20万元；浙江富钢金属制品有限公司连续两年捐助20多万元用于改造旧馆、社会福利院；世友木业向西藏自治区那曲第三小学捐助20万元善款，把爱心从南浔大地传到西藏。多元化的帮扶方式，进一步扩大了救助面，提升了帮扶成效。

三、核心基因保存

"从清寒但勤奋有志的青年中选拔人才的教育观,'得诸社会,还诸社会'的教育思想,实施以学校教育和社会教育相结合的教育原则,运用知、情、意、行融于一体的教育形式"作为叔蘋奖学金的核心文化基因,其保存形态主要有三种:第一种是出版物,如上海叔蘋奖学金得奖同学会组织出版的《传承:从42到8261——叔蘋奖学金成立75周年纪念文集》(上海社会科学院出版社2015年版);第二种是网页,叔蘋奖学金官方网站;第三种是场馆实体,如在南浔小莲庄内建成叔蘋奖学金成就展览馆(后更名为"叔蘋奖学金展览馆")。

辑里湖丝

浔溪溯源　南浔文化基因

辑里湖丝

辑里湖丝，又称"辑里丝"，因产于湖州市南浔镇辑里村而得名。辑里村距南浔有七里，被称作"七里村"，因而"辑里丝"别称"七里丝"。明代中叶，辑里湖丝在国内开始声名鹊起，尤其是清朝时期更是闻名遐迩、畅销中外。辑里湖丝蚕种选用自育"莲心种"，又名"湖蚕"。缫丝所用水源，采自村内水质极好的雪荡河。制作辑里湖丝需用独特的缫丝工艺，所制土丝以"细、圆、匀、坚、白、净、柔、韧"八大特点而著称。2011年，"辑里湖丝手工制作技艺"入选第三批国家级非物质文化遗产名录。

一、要素分解

（一）物质要素

1. 适宜的自然气候

辑里属于亚热带季风气候，具有适宜的温度和充足的降水，四季分明，特别是春夏两季，温暖湿润，非常适合桑树生长。桑树是蚕的食物来源，良好的桑叶供应是养蚕成功的关键。同时，这种气候也为蚕的生长和繁殖提供了理想环境，使南浔辑里成为一个传统的丝绸生产区域。

2. 优良的水质

水质对土法缫丝尤为重要，水质影响丝色、丝光，甚至丝的许多物理指标。缫丝过程强调"用清水、勤换水"，所以对水质特别讲究。清代汪曰桢在《湖蚕述》中对缫丝用水总结为一个字——清，"清则丝洁白"。他还归纳出"山水性硬，其成丝也刚健；河水性软，其成丝也柔顺；流水性动，其成丝也光润而鲜；止水性静，其成丝也肥泽而绿"等水性对丝质的影响。南浔地处太湖之滨，河流纵横，七里村村东流淌着一条清澈透明的雪荡河。雪荡河在穿珠湾附近分流到七里村的淤溪时，河水几经曲折澄清，水清如镜，性暖而软，透明度几乎达到100%。清道光《南浔镇志》中记载，雪荡、穿珠湾，俱在镇南，近辑里村，水甚清，取以缫丝，光泽可爱。

3. 优越的区位

南浔地处长三角区域太湖南岸杭嘉湖平原腹地，位于沪、宁、苏、杭经济圈中心，是湖州接轨上海的东大门，有着显著区位优势。在鸦片战争后，上海成为通商口岸。丝商将湖丝源源不断运进上海，通过洋行销售。南浔由此成为全国最大的生丝集散市场。

4. 兴旺的蚕桑产业

中国是最早开始种桑、养蚕、生产丝织品的国家，湖州一带是我国最早的蚕桑丝绸产地。考古发现湖州先民早在新石器时代就已经开始蚕丝生产，并具备了一定的缫丝技术；唐代，湖州一带成为蚕丝的主要产区；宋元明时期，湖州一带蚕丝业一派兴旺；清道光之后，南浔农村"无不桑之地，无不蚕之家"。种桑、养蚕、缫丝成为当地最主要的生产事业和农民的衣食之源。也因此，当地蚕农都熟谙传统的养蚕缫丝技术。

（二）精神要素

1. 原始质朴的品质意识

种桑—养蚕—缫丝的全过程里，辑里村蚕农都注重品质的把控。种桑，用有机肥培育桑树，以保证桑叶的质量。养蚕，选用品种优良的自育蚕种"莲心种"，特别适合缫制优质桑蚕丝。缫丝所用丝车，用改良后的木制三绪脚踏缫丝车。水源，采用水质极好的雪荡河水，且在缫丝半月前即用陶瓷水缸澄水，加明矾以净化水质。环境，保持清洁，丝灶须用烟囱，使烟直透，丝上无煤气；烧柴用栎柴、桑柴，不可烧香樟。烘丝用白炭，不冒烟，无污染；鲜茧直接制成丝，不经烘茧制的丝富于拉力，色泽胜厂丝；烧水时凭经验掌握水温，控制丝胶溶解量，以免影响生丝净度、抱合力及强伸性。蚕农具有原始质朴的品质控制意识，在缫丝工序的每一细节处都操作精细，工艺不断精进，也因此造就了辑里蚕农高超的手工缫丝技艺。

2. 勇于创新的进取精神

为改进蚕丝品质，七里村蚕农和丝商勇于探索，大胆创新，不断进行蚕种和设备的改良以及缫丝技术的改革。一是蚕种改良。据记载，七里村人于明朝万历年间（1573—1620），率先改良蚕种，精心培育出品质优良的蚕种——"莲心种"，因其所产蚕茧小似莲心而得名。其所产蚕茧缫出之丝"纤度细、拉力强、色艳鲜、解舒好"。日本蚕丝会《蚕丝要鉴》说，七里种"茧丝"丝纹极细，可制9—11条分，盛销法国。二是缫丝工艺改革。对传统生产方式进行由"丝"向"经"的技术改革。据记载，清道光初，辑里湖丝已由辑里村人"合二丝为一丝，以经车纺之"，改为"辑里丝经"。同治十二年（1873），南浔镇"周申昌"丝号仿日本制法，改顺摇为逆摇，改长框丝为短框丝，纺成"辑里干经"，品质足以抗衡厂丝。三是缫丝设备改良。七里村蚕农制作出结构更加精良的在当时最为先进的三绪脚踏缫丝车。辑里湖丝也因此总是能够在当时的生丝市场占得先机。

3. 丝商群体的商业意识

南浔生丝市场繁荣，丝商敏锐的市场洞察力和有效的营销手段进一步扩大了辑里湖丝的知名度和影响力。1851年，正是因为丝商徐荣村向英国伦敦首届世界博览会（第一届万国工业产品博览会）寄去十二包产自辑里的"荣记湖丝"，才有了首届世博会的金、银大奖，从而使得辑里湖丝成为中国第一个获得国际大奖的民族工业品牌，"荣记湖丝"得以免检进入英国市场。徐荣村把所获奖牌上的图案"翼飞美人"用作"荣记湖丝"的新商标，辑里湖丝畅销国内外。鸦片战争后，上海成为通商口岸，丝商从南浔到上海创建了一条"浔沪丝路"，有效降低辑里湖丝的成本，从而打开了辑里湖丝在欧洲的市场。同治十二年（1873），也正是丝商主导了缫丝工艺的第二次改革，"辑里干经"才得以面世并畅销欧美。2012年，新一代丝商褚永兴开发出"五彩蚕丝"，给辑里湖丝的创新转化提供了新思路。丝商群体在辑里湖丝的传承和创新发展中起到了积极的推动作用。

4. 口碑相传的品牌效应

辑里湖丝在历史上获得诸多殊荣，也曾是多个朝代的皇家贡品。史料记载，"辑里丝"是清朝皇帝龙袍制作的御用丝品，清康熙时织造的九件皇袍，就是选取辑丝作经线制成。辑里湖丝获得的部分荣誉有：1851年，英国伦敦首届世博会金奖；1910年，江宁（今江苏南京）南洋劝业会12枚金牌；1911年，意大利都灵国际工业展览会一等奖；1915年，巴拿马国际博览会金奖；1921年与1923年第一届与第二届万国丝绸博览会获赞誉；1929 年首届西湖国际博览会特等奖；等等。这些荣耀，经前人记载和民间口碑相传，提升了辑里湖丝的品牌影响力。辑里湖丝的品牌效应历经千年而不衰。

（三）制度要素

1. 精湛独特的工艺流程

辑里湖丝制作传统工艺流程的核心步骤与核心内容主要有：茧处理（贮茧、烘茧、剥茧、选茧）—搭"丝灶"—烧水—煮茧—捞丝头（又称"索绪"）—缠丝窠（又称"添绪"）—绕丝轴—炭火烘丝（也称"出水干"）等。

2. 细、圆、匀、坚、白、净、柔、韧的蚕丝品质

辑里湖丝具有"细、圆、匀、坚、白、净、柔、韧"等特点，品质"细而匀，富拉力，丝身柔润、色泽洁白"，比一般土丝多挂两枚铜钿而不断。

3. 师徒相授、世代相传的技艺传承习俗

据记载，七里村人缫丝技术高超，缫丝工艺上注重"细"和"匀"。《南浔志》有曰"缫丝莫精于南浔人"，黄省曾《蚕经》里有"看缫丝之人，南浔为善"的记述。七里村人在缫丝工艺上精于做细丝和中匀丝，总结出了"制丝八法"，缫出的丝为湖丝中的极品。七里村的湖丝手工制作技艺以师徒相授、家庭成员代代相传的方式传承和发扬。师父和前辈言传身教，手把手传授技艺、分享经验，使后人得以掌握辑里湖丝手工制作技艺的精髓。传统手工艺的这种"师徒相授"的传承方式，赓续千年。

（四）语言与象征符号

南浔辑里湖丝馆是中西合璧式建

筑，占地950平方米，历史上为南浔商会，由南浔商会会长梅履中等人于1926年发起建造，新中国成立后一直是南浔镇政府所在地，1998年10月，镇政府搬迁，此处建筑作为南浔史馆。2010年上半年改建为南浔辑里湖丝馆。该馆共分五个展厅，通过大量翔实的历史资料和实物实景，配以多媒体声光影像技术，全面展示了南浔与世博会的历史渊源和南浔古镇深厚的文化内涵，是一个集历史纪实、人文体验、科普教育、产品展销等多功能于一体的综合性展馆。

二、核心基因提取与评价

通过纵横对比和综合评价,提取出的辑里湖丝核心文化基因有两个:一是"细、圆、匀、坚、白、净、柔、韧的蚕丝品质",二是"勇于创新的进取精神"。

辑里湖丝核心文化基因评价依据

评价项目	评价因子	评价依据(特点)	是否
生命力评价	文化基因存续的时间	自出现起延续至今,未曾明显中断	√
		自出现起延续至今,但多次衰微、中断后复兴	
		曾明显衰败,改革开放后开始复活复兴或历史溯源关键环节缺失,难以考证	
		文化形态主体已灭失,现存部分痕迹	
	文化基因的稳定性	在发展过程中保持相当稳定的状态	√
		在发展过程中存在明显的精神内涵、表现形式剧变	
凝聚力评价	文化基因的凝聚力及社会动员效果	曾广泛凝聚起区域群体的力量,显著推动过社会经济文化的发展	√
		曾部分凝聚起区域群体力量,对社会经济文化的发展产生过影响	
		凝聚过力量,创造过实际的发展动能,但未见对社会经济文化发展产生显著改变	
		仅在历史文献或口耳相传中存在,未见实际介入社会经济发展	

续表

评价项目	评价因子	评价依据（特点）	是否
影响力评价	辐射的范围	具有全国性、世界性的影响力	√
		具有长三角区域、浙江省影响力	
		具有市县、乡镇影响力	
	提炼的高度	已经被古代文人士大夫和当代学者提炼为精神符号和理念理论	√
		单纯的样式、造型、工艺技术规范	
发展力评价	与当代精神追求和价值观念的契合	传统文化基因得到创造性转化、创新性发展；区域革命文化基因被完整继承、广泛弘扬；区域社会主义先进文化基因成为与浙江"三个地"相适应的文化高地	√
		部分转化、部分弘扬、部分发展	
		难以转化、难以弘扬、难以发展	

说明：基因特点评价是对解码出来的基因，根据本《导则》表2的要求，围绕"四个力"逐一对表打"√"，进行定性表述

（一）生命力评价

辑里湖丝核心基因有着较强的生命力。辑里湖丝自明代中叶声名鹊起始，几百年来，辑里湖丝"细、圆、匀、坚、白、净、柔、韧的蚕丝品质"延续至今，未曾明显中断，且在发展过程中保持稳定。不同时代的人们面对不断出现的新情况、新问题，勇于创新，锐意进取，这种"勇于创新的进取精神"是社会发展的基础，自出现起延续至今，未曾明显中断。

（二）凝聚力评价

历史上，种桑养蚕缫丝曾是南浔最主要的生产事业和农民的衣食之源，南浔因辑里湖丝而成为全国最大的生丝集散市场，浔商也成为近代中国最大的丝商群体；南浔镇因辑里

湖丝而飞跃发展，崛起为江南雄镇。经过上千年的传承创新发展，辑里湖丝从一个村的农副产品成为一个享誉中外的蚕丝品牌，助推了一个产业的兴旺，曾显著推动社会经济文化的发展。这些都与辑里湖丝核心基因"细、圆、匀、坚、白、净、柔、韧的蚕丝品质""勇于创新的进取精神"密不可分，显示了辑里湖丝核心基因较强的凝聚力。

（三）影响力评价

辑里湖丝因核心文化基因"细、圆、匀、坚、白、净、柔、韧的蚕丝品质"而在国内外多次获奖。几百年来，辑里湖丝曾畅销国内外，风靡世界。因为核心文化基因"勇于创新的进取精神"而不断改良的辑里湖丝制作技艺，曾经影响了整个江浙沪皖闽的蚕丝制作行业。辑里湖丝手工制作技艺和器械也是机器缫丝科技发展之基础，为机械化缫丝提供了很好的借鉴。

（四）发展力评价

"勇于创新的进取精神"契合当代精神追求，是当代中国人民崇尚并追求的与时俱进的时代精神，能够被广泛地弘扬。"细、圆、匀、坚、白、净、柔、韧的蚕丝品质"，是辑里湖丝曾畅销国内外的核心竞争力，是丝绸产品优良品质的基础。核心文化基因"勇于创新的进取精神""细、圆、匀、坚、白、净、柔、韧的蚕丝品质"具备较好的文旅产品创新性转化前景。

三、核心基因保存

实物的保存：南浔辑里湖丝馆保存着有关辑里湖丝的制作工具、器材，各种缫丝工具实物、资料记载，丝织成品，历届世博会上获得的奖牌、证书等实物展品165件，图片510张。辑里湖丝博物馆（民办）收藏了与辑里湖丝有关的农具等物品。中国国家图书馆收藏着顾明琪织的丝绸。南浔旅游公司档案室保留着20世纪60年代的缉里湖丝样品。

辑里湖丝手工制作技艺的传承人有：国家级非物质文化遗产"辑里湖丝手工制作技艺"传承人顾明琪，湖州市非物质文化遗产"辑里湖丝手工制作技艺"传承人徐永艳，以及顾明琪的学徒顾峰、顾佳骏等。辑里湖丝手工制作的核心步骤和流程经各种媒体和地方政府拍摄保存，部分视频资料有：央视九套《人文地理》"湖商"第二集"蚕丝传奇"，央视四套《国宝档案》"南浔镇湖丝"，央视四套《记住乡愁》第三季第五集"南浔镇——丝韵古镇　以义为利"、第五季第二集"传承"，以及浙江电视台、湖州电视台相关纪录片等。出版物："浙江省非物质文化遗产代表作丛书"——《辑里湖丝手工制作技艺》（浙江摄影出版社2015年版）。

含山轧蚕花

浔溪溯源　南浔文化基因

含山轧蚕花

含山轧蚕花，又叫"蚕花庙会"，是一项传统民俗文化活动。含山轧蚕花庙会风俗流传已久。据桐乡方志记载，距今已有200多年的历史。所谓"轧蚕花"，就是蚕农们为了祈求风调雨顺、蚕桑丰收而举行的一项古老的蚕事风俗活动。"蚕花"是用五颜六色的皱纸扎成的纸花。"轧"是方言词，意思是"挤"。传说蚕花娘娘在清明节化作村姑，踏遍含山，在山上留下"蚕气"。谁能到含山踏青，谁就能把蚕花喜气带回家，得到蚕花"廿四分"（即双倍丰收之意）。因此，每年清明时节，含山周边方圆百里的蚕农都争相上含山，购蚕花，轧闹猛（方言，凑热闹），祈求蚕花丰收。含山上下游人如织，热闹非凡。旧时当家人还要身背蚕种包，先去含山脚下的寺庙烧香，再沿着石阶蜿蜒而上，来到山顶的蚕花殿拜谒蚕花娘娘。而蚕妇们则精心打扮起来，把鲜艳的蚕花戴于鬓间，既表达了对蚕花娘娘的敬意，也给自己添上了一份浪漫的春色。年复一年，千年沿袭，就形成了含山独有的民俗文化活动。

含山轧蚕花庙会活动内容丰富、形式多样，表现了江南蚕乡民间信仰、民俗、生产、生活等方面的特征，堪称蚕花庙会的代表。庙会上进行的是群体性的祀神活动。含山周边，桐乡的石门、洲泉、河山、大麻、崇福，以及湖州南浔等地的民众从水陆两路赴含山拜香会，有的还抬着本村神主及仪仗朝山。庙会现场更是热闹非凡：山上举行祭神祀神仪典，山下水面上同时进行各类竞技性水戏活动，如高杆船、打拳船、摇快船、龙船等，摩舷撞艄，锣鼓喧天。该民间传统习俗主要以旅游参观、实地体验和考察等流播方式呈现，近几年的"含山蚕花节"，规模空前，每年从含山附近各乡镇自发赶来参与的人数均在10万以上。上海、杭州等地游客也慕名前来参加盛会，甚至还有日本专家远道而来考察。含山当地流传着蚕神发祥或降临的传说，因此有"蚕花圣地"之称，含山轧蚕花庙会历史悠久，内容丰富，带有鲜明的江南地域特色，知名度极高，是江南最大的蚕神祭祀节日，也堪称中国最大的蚕神祭祀节日，对于传统民俗文化创造性转化和发展有重要的价值。

一、要素分解

（一）物质要素
1. 多形态的表演活动道具

用于展现这些民俗活动的道具，除了有各种仪式典礼中的锣鼓、吹打乐器、旗帐、花轿等，还有如下道具：

蚕花：一种手工制作的小花，一般用纸做，也有用茧壳剪成花瓣状涂色的，或用绢丝制作；

踏白船：普通农船，改制为两橹八桨，四人摇橹，八人划桨，用于竞速；

标杆船：普通农船，船中竖一根10米左右的竹竿，人爬

上竹梢表演各种技巧；

龙船：农船装饰以龙头、龙尾，十数人划桨竞速；

抬阁船：由儿童扮演戏文人物，在船上表演；

香凳：设有小抽屉的小方凳，拜香童子拜香唱忏时，凳面用于摆放经折，经折不用时放入抽屉。

2.悠久的桑蚕产业环境

轧蚕花这一民俗活动以祭拜蚕神、佑蚕丰收为出发点，是蚕农们为了祈求风调雨顺、蚕桑丰收而举行的一项古老的蚕事风俗活动。其产生于以种桑养蚕为主要农业生产形式的南浔含山，南浔地处浙江北部，是江南蚕文化的发祥地，有着近五千年的种桑养蚕史，这里的乡间流传着丰富的蚕乡习俗，蚕神信仰则为蚕俗活动的中心内容，含山轧蚕花庙会也因此产生，反映出南浔蚕桑业高度发达的现实，保留了杭嘉湖蚕乡的地方人文风情。

（二）精神要素

1.祈求丰收的生活愿景

早先蚕农养蚕是自己养蛾产卵育种，为了确保自家的蚕种出得好、出得齐，每当清明节这天，含山方圆百里的百姓都要背着蚕种包，头插蚕花，蚁拥含山，去蚕神庙祭拜蚕花娘娘，为他们的蚕宝宝祈求消灾祛病，祝愿蚕花丰收。年复一年，千年沿袭，就形成了含山独有的民俗文化活动——清明轧蚕花庙会。蚕姑在踏蚕花地之前都要先到山顶宋塔旁的蚕神庙里进香，年长的人身背红布"蚕种包"，将自家今年头蚕蚕种纸置于包袱之中，上山绕行一周，让蚕种染上含山的蚕神喜气，以祈求今年蚕茧丰收。

2.敬畏自然的朴素情感

轧蚕花是一项非常有特色且有内涵的民间文化活动，其产生于漫长的蚕桑生产过程中，并且形成了独具蚕桑文化的生产习俗。传说蚕花娘娘在清明节化作村姑踏遍含山每寸土地，留下了蚕花喜气，此后谁来脚踏含山地，谁就会把蚕花喜气带回去，得个蚕花"廿四分"。因此人们称含山为"蚕花地"，含山已成为人们心目中的蚕神圣地，有蚕桑"正宗"发祥地的意味。所以蚕农们每年清明都要来游含山、轧蚕花、踏踏含山地。这些蚕桑生产的风俗习惯则源自对自然的敬畏，蚕花娘娘即为能够带来风调雨顺的自然神。

（三）制度要素
完整的表演程序

在清明游含山过程中,男女青年熙熙攘攘,并故意挤挤挨挨,方言称作"轧(挤)发轧发,越轧越发",以此讨彩头,期望蚕花茂盛。在向含山进发的途中,类似庙会出会的祀神仪典就已开始了。其主要有两种形式,一是以"庙界"(即一庙所辖之地域、村坊)为单位的拜香会(水路来的叫拜香船),人们在山下会合后,依次上山朝拜蚕花娘娘。包括"吊臂香""扎肉蜻蜓""拜香童子""吹打乐人"等。二是抬菩萨出游。以"庙界"为单位抬着当地地方神祇的行身,如"总管菩萨"、"土主菩萨"(即土地菩萨)、"宋将军"等,华盖垂垂,旌旗飘飘,簇拥"菩萨"上含山,绕宝塔一周驻跸片刻后,仍前呼后拥下山。有的还夹杂"抬阁"("盗仙草""赵云救主""三戏白牡丹""打渔杀家""西游记"等)。

二、核心基因提取与评价

含山轧蚕花是蚕农以蚕神信仰为中心，以象征蚕茧丰收的"蚕花"为标记的蚕桑习俗的一次集中展示，更是人们对蚕神护佑、求得丰收的感恩活动，是蚕桑神明文化深入人们日常生活的活的写照，其核心基因为"完整的表演程序"。

含山轧蚕花核心文化基因评价依据

评价项目	评价因子	评价依据（特点）	是否
生命力评价	文化基因存续的时间	自出现起延续至今，未曾明显中断	√
		自出现起延续至今，但多次衰微、中断后复兴	
		曾明显衰败，改革开放后开始复活复兴或历史溯源关键环节缺失，难以考证	
		文化形态主体已灭失，现存部分痕迹	
	文化基因的稳定性	在发展过程中保持相当稳定的状态	√
		在发展过程中存在明显的精神内涵、表现形式剧变	
凝聚力评价	文化基因的凝聚力及社会动员效果	曾广泛凝聚起区域群体的力量，显著推动过社会经济文化的发展	√
		曾部分凝聚起区域群体力量，对社会经济文化的发展产生过影响	
		凝聚过力量，创造过实际的发展动能，但未见对社会经济文化发展产生显著改变	
		仅在历史文献或口耳相传中存在，未见实际介入社会经济发展	

续表

评价项目	评价因子	评价依据（特点）	是否
影响力评价	辐射的范围	具有全国性、世界性的影响力	
		具有长三角区域、浙江省影响力	√
		具有市县、乡镇影响力	
	提炼的高度	已经被古代文人士大夫和当代学者提炼为精神符号和理念理论	
		单纯的样式、造型、工艺技术规范	√
发展力评价	与当代精神追求和价值观念的契合	传统文化基因得到创造性转化、创新性发展；区域革命文化基因被完整继承、广泛弘扬；区域社会主义先进文化基因成为与浙江"三个地"相适应的文化高地	
		部分转化、部分弘扬、部分发展	√
		难以转化、难以弘扬、难以发展	

说明：基因特点评价是对解码出来的基因，根据本《导则》表2的要求，围绕"四个力"逐一对表打"√"，进行定性表述

（一）生命力评价

含山轧蚕花具备完整的表演程序，其起源于宋代含山蚕民采桑养蚕、取丝织绸的过程，是为了祈求风调雨顺、蚕桑丰收而进行的一项活动，形式独特，包括"吊臂香""扎肉蜻蜓""拜香童子""吹打乐人""抬菩萨出游"等活动形式，还有一系列的水嬉表演，如竞技性的"打拳船"、赛速度的"踏白船"、类似杂技表演的"标杆船"等，极具参与感和观赏性。蕴含着中国江南传统农业社会中蚕农对丰收的美好愿望，近代以前影响力极大，明清时期达到鼎盛。如今虽然直接依靠种蚕养桑维持生活的情况变得越来越少，但是种桑养蚕作为南浔劳动人民的重要技艺，仍然是其"丝绸之府，桑蚕之乡"的重要代表，这一极具代表性的祈蚕嬉春仪式表达着人们祈求丰收的美好愿

· 053 ·

景，以及敬畏自然的原始情感，吸引着众多的游人前来参观，"含山蚕花节"已成为当地盛大的民俗旅游节日，因而具备极强的生命力。

（二）凝聚力评价

南浔含山是中国蚕桑文化的发源地之一，民间传说把含山比附为蚕神的发祥地或降临地，被称为"蚕花圣地"。正因其这一重要地位，吸引了方圆百里数以万计的蚕农前来含山轧蚕花、祭蚕神。这一习俗传承千百年而不衰，促进了当地的经济社会文化发展。近年来，当地政府和社会组织通过投资等方式，修复了含山塔，重建"蚕花殿"等传统设施，举办含山蚕花节，新添了"抬蚕花轿子""评蚕花姑娘""背蚕娘比赛""划菱桶比赛""摇蚕龙比赛"等娱乐、竞技类活动。同时扩大对外影响力，以民间、民俗文化为主题，把含山"轧蚕花"纳入全国的民间风情旅游项目，在实现非物质文化遗产的保护、传承的同时推动了当地旅游经济的发展。

（三）影响力评价

南浔含山是中国蚕桑文化的发源地之一，被称为"蚕花圣地"，每年清明时节，方圆百里的蚕农纷纷前来含山"轧蚕花""祭蚕神"。含山轧蚕花庙会表演内容非常丰富，盛况在其他庙会之上，除了当地及附近桐乡市、德清县境内的乡民，还有大批从湖州城中、乌镇以北、嘉兴新塍、江苏吴江等地，甚至远及苏州和杭州的游人，从水路、陆路涌向含山，参加含山轧蚕花庙会。蚕桑文化历史悠久，中国人的祖先从新石器晚期就开始种桑养蚕，已有几千年的历史，蚕桑文化足以成为"最具中国特色的文化形态"。"含山轧蚕花"是蚕文化的典型代表，1998年被国家旅游局定为国家级重点节庆活动之一，2008年，蚕桑习俗（含山轧蚕花）入选国家级非物质文化遗产名录，2009年，蚕桑习俗（含山轧蚕花）作为"中国传统桑蚕丝织技艺"的重要子项目之一被列入联合国教科文组织人类非物质文化遗产代表作名录。

（四）发展力评价

含山轧蚕花庙会历史悠久，表演内容丰富，带有鲜明的江南地域特色，反映出南浔蚕桑业高度发达的现实。

蚕桑丝织是中华民族认同的文化标识，五千年来，它对中国历史做出了重大贡献，并通过丝绸之路对人类文明产生了深远的影响。含山轧蚕花因其蚕桑文化的强大影响力和凝聚力以及完整的表演程序，因而具备重要的历史文化价值和传承发展价值，在弘扬中国优秀传统文化的同时具备实现创造性转化和创新性发展的前景。

三、核心基因保存

"完整的表演程序"是含山轧蚕花的核心基因,作为轧蚕花这一传统民俗活动中的重要表达形式,其以实体形式保存在一年一度进行的节庆活动中。此外,关于含山轧蚕花表演程序的相关视频资料有《文化大百科——含山轧蚕花》《非遗文化:浙江湖州含山轧蚕花》;出版物有《含山轧蚕花》(浙江摄影出版社 2014 年版)。

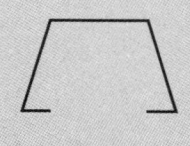

善琏湖笔

浔溪溯源　南浔文化基因

善琏湖笔

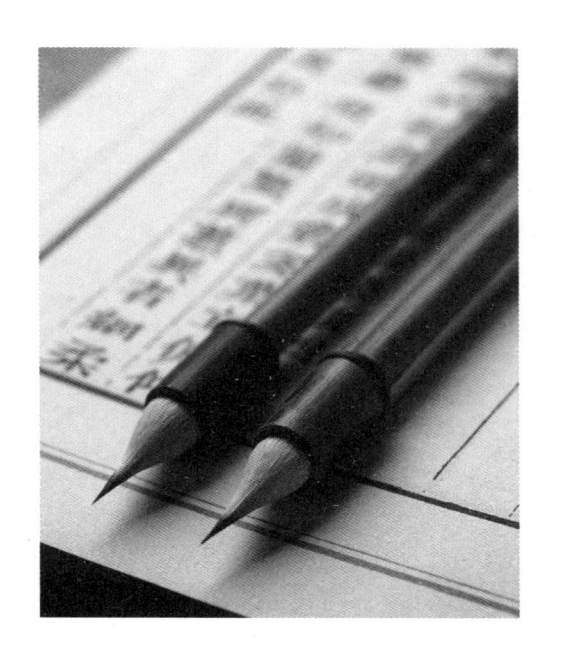

湖笔，亦称湖颖，是"文房四宝"上品之一，被誉为"笔中之冠"。宋末元初，以制笔闻名的宣城因为战乱而凋敝，而与宣城接壤的湖州十分幸运地免受战火的侵袭，成为南宋遗民聚居之所。宣城的部分笔工徙居临近的湖州，并改进制笔工艺，湖笔就此诞生。

1929年，善琏全镇从事湖笔制作的手工作坊有300多家，制笔工人多达1000余人。从抗日战争开始，湖笔生产衰落。

新中国成立后，湖笔生产得到发展和提高。1956年办起善琏湖笔生产合作社。1959年创建善琏湖笔厂，促进了湖笔的生产发展。"文化大革命"给湖笔的生产带来阻碍，许多名牌产品以"复旧"为名而被强令停止生产。党的十一届三中全会后，湖笔生产恢复生机，并以较快的速度蓬勃发展。

湖笔选料讲究，工艺精细，白居易曾以"千万毛中拣一毫"和"毫虽轻，功甚重"来形容制笔技艺之精细和繁复。湖笔具备"三义""四德"的特点："三义"指"精、纯、美"；"四德"指"尖、齐、圆、健"的特点。所以湖笔有"毛颖之技甲天下"之说。社会文化的转型、书写工具的革新导致湖笔生产中出现工匠流失、传承乏人的状况。2002年，湖笔被批准为地理标志保护产品。2006年，湖笔制作技艺经国务院批准列入第一批国家级非物质文化遗产名录，湖笔的保护和传承从此走上了规范、健康的发展之路。

一、要素分解

（一）物质要素

1. 湖笔选材考究，传统上"就地取材"

选羊。选取湖州一带所产不吃草料、只吃含高蛋白的科桑叶或水花生的羊，其脂肪集中于毛细管，取这种羊毛制成的笔坚而有劲，临池则挺而有力。

选毛。一般只选用山羊头颈、四腿、胯间、腋下之毛。大约一头健壮的山羊身上有4两笔料，优秀的拣毛工人把笔料按质量和长短分为十个等级，分别用在不同的笔上，可谓"千万毛中拣一毫"。

选笔杆。笔杆主要取浙西天目山北麓灵峰山下的鸡毛竹，这种竹子节稀杆直，竹内空隙较小。

2. 宣城凋敝，笔工徙居湖州

宋末元初，以制笔闻名的宣城因为战乱而凋敝，与宣城接壤的湖州十分幸运地免受兵锋的洗劫，成为南宋遗民聚居之所。宣城的部分笔工徙居临近的湖州，依赖此地的毛笔使用群体为生，并以他们的需求改进制笔工艺。

3. 湖州历来是东南形胜之地，才子迭出、文风不绝

著名书法家王羲之、王献之、颜真卿、米芾、苏轼、王十朋等都曾为官或寓居湖州；更有曹不兴、贝义渊、朱审、释高闲、燕文贵等湖州籍书画俊才；王羲之七世孙释智永居湖州永欣寺30余年，用败的笔头积满五篓，葬之"退笔冢"。他们的书画活动，带动了湖州制笔业的兴起，还出现了冯应科、陆文宝等为文人激赏的制笔名匠。

（二）精神要素
1. "兼收并蓄"的文化特点

湖州是吴越两种文化的连接点，它既吸收了吴文化的"中和思想"，又接纳了越文化的崇尚个体主体价值的内容。同时，伴随着永嘉之乱、安史之乱、靖康之乱的北方三次人口南迁，中原文化也在湖州扎根发芽。这种文化的兼容并蓄和多元共存格局使得湖笔制作工艺能吸收各种制笔工艺之所长。

2. 宽容大度的民风

湖州自古山水清远，风景秀丽，百姓温柔淳朴，宽宏大量。历代文人墨客、官员名士到此都能受到湖州百姓的欢迎，他们或在湖州为官，或多年在湖州讲学，或隐居在湖州，强化了湖州百姓对异质文化的平等意识，为湖笔的发展起了助推作用。

3. 内在超越的精神特质

湖州农桑渔牧业发达，宋朝时期，就有"苏湖熟，天下足"之说；明代，又有"湖州甲天下"之名。在物质条件相对富足的情况下，人们大都追求内心的发展，追求内在的超越。从文化特质看，湖州文化是一种内在超越性文化，侧重于向内心探求。因此，湖州才子迭出、文风不绝，唐代至清末，举进士第的有1500多人。吴钧、沈约、钱起、孟郊、赵孟頫、凌濛初、俞平伯、钱玄同、吴昌硕、徐迟等，都是在中国文化史上占有重要地位的湖州人。文化活动活跃，技艺不断发展变化，在这些的催动下，湖笔工艺不断改进、优化。

4. 追求完美、精致而一丝不苟的品性

湖州受吴文化影响较深，人性尚礼、崇儒。同时，湖州环境优越，百姓相对生活富裕，因此湖州人在生存方式上追求精细化、优雅化、艺术化，体现在对湖笔制作工艺的精益求精上——120多道小工序，技工专司，通过明确的分工，精细化品控，使得湖笔因"毛颖之技甲天下"，达到"三义""四德"的艺术追求。

（三）制度要素

1. 八道主要大工序，120多道小工序

一支湖笔的制作需要多人的合作。在过去一家一户的手工作坊时代，民间有"男主修笔，女主水盆"的说法，进入工厂化生产后，虽然依旧沿袭这种做法，但是湖笔制作的过程拥有了更加专业的名称。现在，湖笔成品从原料进口到出厂，一般要经过笔料、水盆、结头、蒲墩、装套、镶嵌、择笔和刻字八道主要大工序，在这些主要工序中，又包含着120余道小工序。而在众多工序中，又以笔料、水盆、结头、择笔四道工序最为烦琐和讲究。

（1）笔料工序

笔料工序是将制笔头的动物毛皮进行拔取、分拣、梳理和归类的工序。所谓"笔之贵在于毫"，毛料的精选是制笔的第一步，对笔料毛的产地、采集季节等均有严格要求。狼毫笔所用的黄鼠狼尾毛要到东北采购，而山羊毛、山兔毛需要在冬季采集。将采购来的皮毛混入草木灰浸泡，再进行拔取，分拣和归类也非常讲究，一般要做到"二分"，即分清原料和分细毫料。分清原料，按规格要求和工艺标准分成不同的品种，各类品种之间不得混杂；分细毫料，根据制笔要求分成不同的种类，分类越细越好，这样可制作不同种类、形制、品质的笔。其中羊毫中的细光锋和细直锋是最为优质的毛毫，用于制作高档的羊毫笔。兔毫毛料的分拣和归类则更需细致，因为一根兔毛中既有纯色又有颜色交错，所以除了区分长短、粗细外，还要区分颜色，难度会更大。

（2）水盆工序

水盆，又称作水作工，是湖笔制作中最核心、最讲究的工序之一，历来传女不传男。水盆工序无法用机器代替，主要程序是手工对毛料进行浸洗、筛选、梳理、整形，进而加工成半成品的笔头。由于羊毫、兔毫、狼毫等毛料质地不同，因此各自的水盆工序也有所区别，狼毫水盆工序最少，

羊毫水盆次之，兼毫水盆则最为复杂。以羊毫水盆为例，专司羊毫毛料的女工会进行浸、拔、抖、做根、联、选、晒、挑、切笔芯、搅、盖笔头等15道工序，她们在专门的水盆工作间里向西偏侧而坐，一手拿角梳，一手攥着脱过脂的毛料在木盆中反复梳洗、逐根挑选，按色泽、锋颖、软硬等不同级别一根根进行分类、组合，做成刀片状的刀头毛，再放水里缕析毫分，把断头的、无锋的、曲而不直的、扁而不圆的毛剔除，最终形成半成品笔头。

在水盆工序中，还有一个独特的晒笔技巧——"日晒夜露法"，将毛料经过约15个晴天的日晒夜露，使毛脂通过光照和露宿进行自然脱脂。这不仅不会让笔头因天气剧变而损伤锋颖，反而使得毛色更加白嫩。笔工将此俗称为"人越晒越黑，羊毛越晒越白"，这也是湖笔工艺的独到之处。

（3）结头工序

结头，也称扎毫，是将水盆做好的半成品笔头晒干后用丝线在其根部捆扎，然后把熔化的松香滴于笔头根部，使笔毫再次粘连，不易脱落。结头工序要求箍线深浅适当，捆扎粘合牢固，防止脱毛，并且笔头底部需平整，不能有"盆子底"或"马蹄形"等不平整的形状，否则会导致笔锋不齐。

（4）蒲墩工序

蒲墩是对笔管进行挑选和分类的工序。笔工们会对笔管逐根进行挑选，留下光滑、粗细一致的健康笔管，再按照笔管的质量和品种进行分类，从而适应制作不同档次、不同规格的毛笔。蒲墩工序看似简单，但实际上同样需要丰富的经验。首先，关于笔管的长短、粗细、色泽的辨别没有统一度量的工具，完全依靠笔工的目测和手感，因此没有长期的累积则无法胜任这一项工作。其次，湖笔的笔管料以竹管为主，从笔管的选材到成笔还

相距一段时间，在这段时间里，竹管内的水分会蒸发，外观也会随之变化，比如局部会出现发黑发黄、竹竿形状萎缩等现象，因此笔工们还需要辨别出竹管的老嫩程度，通过手掂竹管重量等方式剔除重的，筛选出不易改变的老竹管。其实老和嫩之间的重量大多差之微毫，全靠笔工们的"绝技神手"和"如炬慧眼"。

（5）装套工序

装套工序包括装笔头和套笔帽两部分。装笔头是将挑选过的笔管进行挖孔，再将捆扎好的笔头安装进去的过程；套笔帽是在笔管尾端套上一个圆竹块，封住孔洞使尾端平齐。专司装套的笔工们一般先将过长的笔管按规格要求用刀切短，接着切削笔管使其平齐、光滑，俗称"平头"；在平头的同时，用刀将笔管顶部的棱角切成斜肩以达到美饰的效果。下一步是装套工序中难度较大的操作——绞孔，

绞孔又称为"车"，即在笔管内部挖孔，孔的大小、深浅要正好适合所套的笔头，使笔头不紧不松。湖笔有"毫毛不脱"的美誉，这道工序便是关键。装笔帽的要求与绞孔类似，要求笔帽套在笔管上达到不紧不松、不深不浅的程度。

（6）镶嵌工序

镶嵌是对毛笔笔管进行装饰的工序。一般用湘妃竹、凤眼竹等竹梗以及红木、檀木、有机玻璃等材料为笔的主杆，再用牛角等镶嵌笔帽，使笔管造型更加美观雅致。镶嵌分镶笔头和镶笔尾两种，镶笔头又叫"装斗"，"斗"的造型有直斗、三相斗、京楂斗、

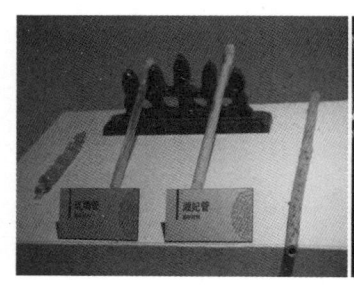

葫芦斗和喇叭斗等数种；镶笔尾又叫"装挂头"，因笔帽中端一般安有挂绳便于挂笔而得名，造型一般有宝塔头和葫芦头。不管是镶笔头还是镶笔尾，都要求外表亮丽、口径光滑且连接紧密。

（7）择笔工序

择笔，也叫修笔，是对半成品毛笔进行最后修整的过程，是湖笔制作工艺中另一个关键性工序，其操作水平直接影响湖笔的质量。不同毫料的毛笔，其择笔的工艺略有不同，因此择笔笔工有明确的工种，一般互不兼职，只有技艺极为突出的老师傅才能胜任不同毫类的毛笔择笔工作。以羊毫择笔为例，羊毫择笔工通过注面、熏、清、择、抹等工序对笔头进行修整。注面是将笔头装入笔管并粘牢的工序。在前面的装套工序中，只将笔头放入笔管中，并没有正式固定，需要择笔工完成最终的粘合固定的操作。注面后隔一天，待粘合后的笔头干透，将其在石灰水中蘸湿，然后放在加热的硫磺上熏一刻钟左右，以达到增白和脱脂的目的。接着将熏好的笔头晒干，蘸取六角菜进行第一次的择笔和抹笔，初步成形后再晒干使笔毛更加挺直，为接下来进一步的择笔和抹笔打下基础。笔头再次晒干后就正式开始择笔，择笔过程中，笔工将干燥的笔头散开，迎着光线将没有锋颖的毛挑除，俗称"削肩界"。抹笔是最后的整理毛形的步骤，笔头蘸取六角菜，凭手部的感觉去掉质差、多余的毛料，并将塌陷或鼓起的部分抹圆。行话称"择三分，抹七分"，羊毫笔头要求"光"和"白"，抹的这个工序极为重要。当抹到一定程度后，笔的锋颖就显得光洁清秀，其中的尖、齐、圆、健的特性也得到实现。

（8）刻字工序

刻字工序是在笔管上刻上笔的品名和生产厂家等，有些高档毛笔还刻有文人墨客的名篇诗章，这不仅达到修饰的效果，还能提升毛笔的附加值。刻字也极其考验笔工的功力，笔工们必须熟练掌握各种字体的特点，熟悉篇章的结构，以及熟练运用各种笔画的刀法。笔管的刻写笔顺与平时的书

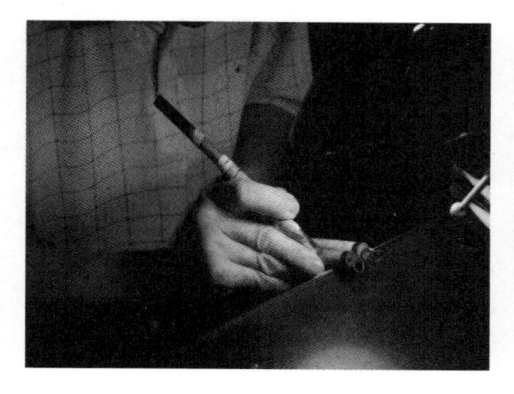

写笔顺并不相同，需要一次性刻好各个字的相同笔画，再刻另一种笔画，因此刻字笔工们必须将刻法烂熟于心，否则将前功尽弃。所刻的字体要求美观且排列匀称，纵向如"一支香"，即字的整体垂直度不得超过一支香的偏差，同时字体镌刻需要不拼刀、不偏刀、不漏刀、不脱体、划头整齐。除此而外，刻字工们还需要掌握正、草、隶、篆等各种书法字体，如果针对一些定制笔，还需要熟悉文人的诗文。因此，刻字不仅是对刀法的考验，还考量着刻字笔工的文学功底。如今随着科技的发展，一些低端的毛笔会用机器进行刻字，这也是湖笔制作工序中唯一可以使用机器的工序。

2. "三义""四德"的工艺追求

湖笔传统工艺能在代代相传中始终保持着追求完美、精致而一丝不苟的品性，很大程度上得益于工匠们对于"三义""四德"的工艺追求。"三义"指精、纯、美。"精"指百余道工序的操作都一丝不苟；"纯"指选料严格细腻；"美"指笔头形、色及配合的笔管、刻书、装潢等高度完美统一。"四德"为"尖、齐、圆、健"。所谓尖，是指笔锋尖如锥状不分叉，利于点撇钩捺；齐，是指笔毛垂直整齐，散开后顶端平齐无参差，能够吸墨饱满，吐墨均匀；圆，是指笔头浑圆匀称，不凹不凸，使书写圆转如意；健，是指笔毛健挺，不脱不败，书写时收放自如，富有弹性，收笔后笔头恢复锥状如初，且毛笔经久耐用。"四德"之中，尤以"圆、健"最为难得。

3. 技工专司，精益求精

湖笔纯由手工制作，制作工艺十分复杂。湖笔的每一道工序，都需要长期反复的工作实践，才能熟练到得心应手。所以，每道主要工序分别由技工专司，做水盆的只学水盆，择笔的只做择笔。每道工序技艺，都"非千日之功难以得其门径"，可谓"毫虽轻，功甚重"。

4. 笔工社会独特的社会习俗

对"笔祖"蒙恬的崇拜习俗，业内的拜师收徒习俗，以及一系列与工艺传承相关的生产、礼仪、岁时习俗，对提升笔工的自我认同，延续工艺传承，发挥了重大的作用。

二、核心基因提取与评价

基于对湖笔的全面调研、深入分析，得出湖笔的核心文化基因有四个：一是"'三义''四德'的工艺追求"，二是"追求完美、精致而一丝不苟的品性"，三是"内在超越的精神特质"，四是"规范的制作技艺"。

善琏湖笔核心文化基因评价依据

评价项目	评价因子	评价依据（特点）	是否
生命力评价	文化基因存续的时间	自出现起延续至今，未曾明显中断	√
		自出现起延续至今，但多次衰微、中断后复兴	
		曾明显衰败，改革开放后开始复活复兴或历史溯源关键环节缺失，难以考证	
		文化形态主体已灭失，现存部分痕迹	
	文化基因的稳定性	在发展过程中保持相当稳定的状态	√
		在发展过程中存在明显的精神内涵、表现形式剧变	
凝聚力评价	文化基因的凝聚力及社会动员效果	曾广泛凝聚起区域群体的力量，显著推动过社会经济文化的发展	√
		曾部分凝聚起区域群体力量，对社会经济文化的发展产生过影响	
		凝聚过力量，创造过实际的发展动能，但未见对社会经济文化发展产生显著改变	
		仅在历史文献或口耳相传中存在，未见实际介入社会经济发展	

续表

评价项目	评价因子	评价依据（特点）	是否
影响力评价	辐射的范围	具有全国性、世界性的影响力	√
		具有长三角区域、浙江省影响力	
		具有市县、乡镇影响力	
	提炼的高度	已经被古代文人士大夫和当代学者提炼为精神符号和理念理论	
		单纯的样式、造型、工艺技术规范	√
发展力评价	与当代精神追求和价值观念的契合	传统文化基因得到创造性转化、创新性发展；区域革命文化基因被完整继承、广泛弘扬；区域社会主义先进文化基因成为与浙江"三个地"相适应的文化高地	√
		部分转化、部分弘扬、部分发展	
		难以转化、难以弘扬、难以发展	

说明：基因特点评价是对解码出来的基因，根据本《导则》表2的要求，围绕"四个力"逐一对表打"√"，进行定性表述

（一）生命力评价

湖笔制作技艺已有2000多年的历史，除了在抗日战争时期曾停产三年外，一直脉脉相承，延续发展至今。"'三义''四德'的工艺追求""追求完美、精致而一丝不苟的品性""内在超越的精神特质""规范的制作技艺"等四个核心文化基因与湖笔的生产发展相伴，一直延续至今。

（二）凝聚力评价

善琏"蒙恬祠"是湖笔行业的"图腾"，"蒙恬会"是笔工的精神寄托。通过"规范的制作技艺"基因，湖笔凝聚起了全国各地的笔工，对维护社会群体的认同感，保持当地社会的稳定、有序发展，发挥了重大的作用。

（三）影响力评价

"'三义''四德'的工艺追求""追求完美、精致而一丝不苟的品性""内在超越的精神特质""规范的制作技艺"等四个核心文化基因形成了对全国的毛笔制作技艺的示范性与指导性规范。湖笔文化基因在数百年间先后流向杭州、上海、苏州、天津、北京等城市，孕育了如北京的戴月轩、贺连清、李玉田，上海的杨振华、李鼎和、周虎臣、茅春堂，苏州的贝松泉等著名笔庄，促进了全国制笔业的进步和发展。

（四）发展力评价

"'三义''四德'的工艺追求""追求完美、精致而一丝不苟的品性""内在超越的精神特质""规范的制作技艺"等四个核心文化基因在湖笔文化的打造、湖笔产业的衍生等方面具有创造性转化前景。

三、核心基因保存

"'三义''四德'的工艺追求""追求完美、精致而一丝不苟的品性""内在超越的精神特质""规范的制作技艺"等作为湖笔的核心文化基因,其保存形态主要有五种:

第一种是技术工人与非遗传承人。南浔区现有湖笔经营户约300家(其中企业29家、个体工商户及家庭作坊270余家),制笔产业链上从业人员1500余人,一线从事湖笔制作的技术工人有800余人,关键工艺水盆工有229人、择笔工有141人。全区有国家级非物质文化遗产传承人1名、浙江省工艺美术大师3名、省级非物质文化遗产传承人1名、市级非物质文化遗产传承人5名、"湖州市十大制笔名师"11名。第二种是视频资料。2018年3月2日,以湖笔匠人为主题拍摄的纪录片《善琏镇——匠心传世》,在中央四套《记住乡愁》栏目播出。第三种是文字资料。现今,也逐步出现研究湖笔的著作,其中包括《湖笔与中国文化》(北京大学出版社2010年版)、《湖笔制作技艺》(浙江人民出版社2012年版),等等。第四种是著名的湖笔实物,湖笔中最负盛名的有"玉兰蕊""兰亭散""右军书法""翠亨春"等。第五种是节庆文化,如"蒙恬会——祭笔祖"活动。

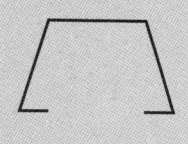

荻港古村

浔溪溯源　南浔文化基因

荻港古村

荻港村于宋代成为村落。清同治《湖州府志》卷二十二载："荻冈镇，在府城南二十七里，一作荻港，统上、下堡，袤五里，广二里，宋元时，市聚上堡。明嘉靖间倭寇肆焚，居民北徙就下堡。里、外行埭临水设，阛阓纵横……自雍正后，甲科接踵，民物浩穰。"辛亥革命后，更名荻溪镇，属吴兴县。新中国成立后，荻港为镇，属吴兴县。2001年8月，荻港为村，属菱湖区。2003年，荻港划属南浔区，沿用至今。全村农业产业以养鱼、养蚕为主，工业产业以纺织、制造业为主。该村是南浔历史文脉的重要遗存，不仅是当今南浔人寻根的重要入口，也是提振南浔文化自信的重要依据。

一、要素分解

（一）物质要素

1. 优美的自然环境

浙江省湖州市南浔区和孚镇荻港村是杭嘉湖平原上一个典型的江南水乡古村，历史上因河港两岸芦苇丛生而得名，自古有"苕溪渔隐"之称。荻港四面环水，溪水相抱，环境优美；青石板道蜿蜒至横塘纵浦，层层苍翠间，错落着白墙黛瓦的江南民居。这里有着"小桥、流水、人家"的江南意境。现今原汁原味的古村遗韵更是赢得了当代作家舒乙"这是最好的江南小镇"的赞誉。

2. 丰富的历史文化资源

荻港村历史文化资源丰富，村内文物古迹众多，有临水而建的民居、依河而筑的店铺、跨河而起的小桥、残照烟柳的演教禅寺、御赐金匾的南苕胜境等。这些不仅孕育出水龙会、戏台看戏等习俗，催生了荻港人自己的"渔乐文化"，而且历史上人才辈出，近代更涌现出一批文化名人，如著名作曲家邱望湘、地质学家章鸿钊、书法家章绶衔、上海钱业公会首任会长朱五楼等。

3. 富足的蚕桑经济

明朝万历年间至清朝中叶，由于蚕丝业的兴起和商品经济的发展，南浔经济空前繁荣，一跃成为江浙雄镇。清朝末年至民国初期，南浔利用上海开埠时机，成为全国蚕丝贸易中心，当时南浔本地特产——"辑里丝"出口量占全国生丝出口量的一半以上，南浔由此成为近代中国丝绸工业的发源地、民族工业萌芽最早的地区之一。同时，南浔也出现了近百家因经营丝业而发家、为世人瞩目的丝商巨富，对江南乃至全国的经济社会产生了巨大的影响。

4. 发达的水路交通

荻港古村落龙溪环抱，京杭大运河穿村而过，四面环水，河港如织。外巷埭建于明清时期，紧依京杭大运河之西线——官河；廊下街为南北走向，沿河而建，全长500余米，进深15米左右。在水路交通兴盛时，各类店铺、商行皆聚于此，有彩云楼、今夜月、泰源堂、百乐堂、正泰店等，丝行、鱼行、米行、轮船码头也分布于此。

5. 众多的名人建筑

荻港村历史悠久、人文荟萃、名人辈出，特别是近现代以来，在政治、经济、文化、艺术等多个领域涌现出多位名人，他们的故居散布于村中，与寻常百姓的宅院相依，成为荻港乡土建筑的一大亮点。其中较有代表性的有以下几个：

三瑞堂，为著名地质学家章鸿钊故居，由坐北朝南的多个单体建筑组

成，原有建筑群分布在三条轴线上，现存中轴线主体建筑为三开四进，东轴由轿厅和书厅组成，西轴现存偏房三开间，楹楼及砖雕门楼一进三开带厢房，为荻港村最大的古建筑群体。

礼耕堂，为清晚期当地富商吴氏家族宅邸，坐北朝南，三开四进，主体建筑依次为轿厅、花厅、正厅、后厅，正厅有楼楹、厢房，楼上开石库门与后厅楼道贯通。该建筑为吴氏家族在荻港的九处建筑之一，也是保存面积最大、最完整的建筑。

鸿远堂，为上海钱庄业巨头朱五楼故居，建于清光绪年间，建筑大门朝南，由南至北三进深，有两天井。前半部分为雕花门楼，前后共有六间厢楼房，现仅存有门楼一进三开。

（二）精神要素

1. 深厚的文士气韵

村内有八卦池塘、五孔长桥，是现存少有的乾隆年间古建筑。天人合庆的纯阳祖师祠中"玉清赞化"的石碑是嘉庆皇帝的御书。积川书塾传出的琅琅书声，正是荻港人杰地灵的最好诠释。历史上荻港名人辈出，约110名诗人留下了1600多首古诗，近代至今更是名人众多。佛道一家的演教寺是江南首创。坐落在都天安乐王府大门前的千年石狮偷吃面条的传说趣味横生。中国地质学创始人章鸿钊故居三瑞堂是荻港最大的清代建筑群；鸿远堂是朱氏的名宅；保留完整的礼耕堂是吴氏家族的古宅。架跨在域内小河上的23座古石桥形态各异，桥桥都有自己的故事。临河而建的外巷埭、里巷埭逶迤绵长，古韵犹存。

2. 浓郁的隐逸文化

东晋十六国时，因北方战乱，许多达官贵人相继来此隐居。元代诗人庞隆有诗称赞荻港道："小筑茅屋带碧流，荻花菱叶乱清秋。当年沧海愁赤尾，此日烟波傲白头。地僻只宜营燕垒，名逃何用觅羊裘。桃源只在苕溪上，不羡东陵号故侯。"荻港景区以"绿水青桑芦苇唱渔歌，老宅古桥名人谱篇章"展示出了一个"宜居、宜乐、宜游"的世外桃源。

3. 纳气、取势的观念

荻港古村位于典型的江南水乡，其中的乡土建筑在宅基选址时遵循我国古代村落选址和建筑布局的基本思想，即纳气、取势观念。古人认为山和水是有灵性的，房屋与自然山水相和谐就能提高人的生存能力。因此，荻港村乡土建筑大多依据当地的自然地貌，因地制宜地构建。除了采用石头砌筑墙基和木构架坡屋顶外，荻港村乡土建筑还有其独特之处：檐多而深远、立面丰富、院落形制规整。此外，因傍河而居，沿河两侧建筑、路基向河道微微倾斜，巷道条石错落有致形成暗沟利于雨水流向河道；河道两边的驳岸、石桥上等有许多或凹或凸的石洞眼，这是缆船石，被形象地称为"船鼻子"，它往往被水乡的人们雕成一个个精致的艺术品，象征着人们对平安幸福生活的企盼和祝愿；河边屋檐下建有木结构长廊，既起着遮雨避风的作用，又使荻港格外雅致，促进村民之间的交流。

（三）制度要素

1. 建筑布局顺应自然山水形势，傍水而建

从全村布局特征上看，荻港古村建筑布局一般顺应自然山水形势，对建筑选址的地形、水流、风向等因素均有考虑，因所处区域水系发达，河网密布，在建造房屋时往往傍水而建。一方面，在河道和码头附近建造居舍，便于商贸货运，久而久之，渐渐地形成了依附于古运河、贯穿于村市河的古建筑群；另一方面，古人饮用水主要靠人力从河里手提肩挑，离水源越近，生活越方便。

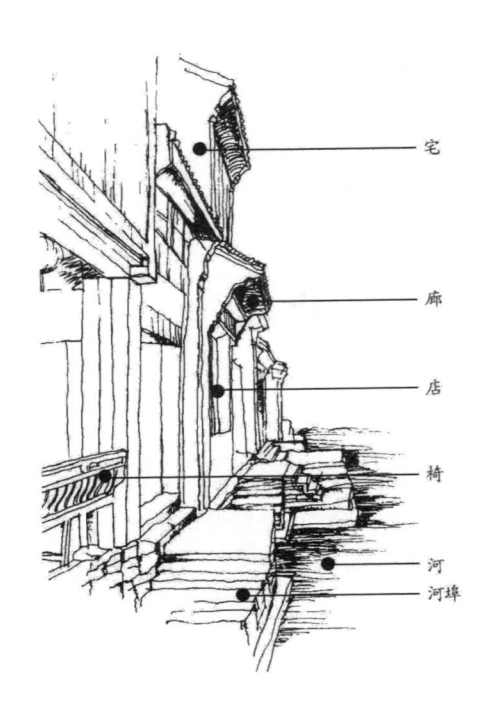

宅
廊
店
椅
河
河埠

外巷埭

里巷埭

2. 特色里弄的传统街巷空间

从街巷空间机理而言，荻港村内部传统街巷空间的典型就是里弄，路面基本以石板铺装为主，两边以碎石和卵石为主，两侧建筑基本保持传统的空间格局和传统风貌；沿河街巷以外巷埭、里巷埭为代表，外巷埭为河—廊—房的格局，属于前店后宅的实用建筑模式，而里巷埭为河—路—店铺的格局。

（四）语言与象征符号

"小桥流水人家"的江南水乡

荻港村身处太湖流域的水乡泽国之中，其内水系密布，状如织网，人们自古以来临水而居，形成以水道为轴线的建筑聚落，"小桥流水人家"是对其聚落特征的生动写照。粉墙黛瓦是江南水乡民居建筑的主色调，置身于青山绿水的自然环境中，融合成一幅田园风光。由于太湖流域物产丰

富，农耕文明较为发达，战乱相对于北方较少，很多殷实的耕读人家能够在经济条件许可的情况下精心构建自己的居舍。荻港民居建筑艺术特色与风格大致可以概括为外观简朴，造型轻巧，装饰淡雅，梁架工整，雕刻精致。建筑形态上多采用适合于多水湿热气候的楼阁式建筑与中国传统的合院形式，以天井为核心，外围封闭，内部宽敞，秩序井然，用厅堂、正房、侧厢、楼阁等多变的组合来体现家庭的礼制性习俗。街、巷、弄、棚随住宅群相伴而生，码头、驳岸、桥梁随河道而建，各类店铺、作坊、私塾、祠庙等随生活而兴，各建筑虽参差错落，但杂而不乱，一同构成了荻港村具有一定自足特性的江南水乡村落。

二、核心基因提取与评价

基于对荻港古村材料的全面、深入分析，得出荻港古村蕴藏的文化基因中可以转化成文旅产品的核心基因是"深厚的文士气韵""浓郁的隐逸文化""'小桥流水人家'风格的江南水乡"。

荻港古村核心文化基因评价依据

评价项目	评价因子	评价依据（特点）	是否
生命力评价	文化基因存续的时间	自出现起延续至今，未曾明显中断	√
		自出现起延续至今，但多次衰微、中断后复兴	
		曾明显衰败，改革开放后开始复活复兴或历史溯源关键环节缺失，难以考证	
		文化形态主体已灭失，现存部分痕迹	
	文化基因的稳定性	在发展过程中保持相当稳定的状态	√
		在发展过程中存在明显的精神内涵、表现形式剧变	
凝聚力评价	文化基因的凝聚力及社会动员效果	曾广泛凝聚起区域群体的力量，显著推动过社会经济文化的发展	√
		曾部分凝聚起区域群体力量，对社会经济文化的发展产生过影响	
		凝聚过力量，创造过实际的发展动能，但未见对社会经济文化发展产生显著改变	
		仅在历史文献或口耳相传中存在，未见实际介入社会经济发展	

续表

评价项目	评价因子	评价依据（特点）	是否
影响力评价	辐射的范围	具有全国性、世界性的影响力	√
		具有长三角区域、浙江省影响力	
		具有市县、乡镇影响力	
	提炼的高度	已经被古代文人士大夫和当代学者提炼为精神符号和理念理论	√
		单纯的样式、造型、工艺技术规范	
发展力评价	与当代精神追求和价值观念的契合	传统文化基因得到创造性转化、创新性发展；区域革命文化基因被完整继承、广泛弘扬；区域社会主义先进文化基因成为与浙江"三个地"相适应的文化高地	√
		部分转化、部分弘扬、部分发展	
		难以转化、难以弘扬、难以发展	

说明：基因特点评价是对解码出来的基因，根据本《导则》表2的要求，围绕"四个力"逐一对表打"√"，进行定性表述

（一）生命力评价

荻港，早在新石器时代即有人类生活繁衍；东晋十六国时，因北方战乱，许多达官贵人相继来此隐居；唐代时古村已初具规模，属乌程县（今湖州市）；宋元时期属归安县（今湖州市）；明清时，荻港为镇，辖东双村、寺东村、李市村、梅家村、朱家村、高田村、三官村、钞钿村、史家村、北高村、积善村，约有3000多户人家；辛亥革命后荻港改名荻溪镇，属吴兴县；新中国成立后，1949年10月成立荻港镇人民政府。如今，荻港人民用自己的智慧和勤劳续写着新的历史。

（二）凝聚力评价

荻港，人杰地灵，具有深厚的文士气韵和浓郁的隐逸文化，

耕读传家，人才辈出。近现代更是诞生了著名的地质家、外交家、教育家、科学家、实业家等。

（三）影响力评价

荻港，传承了千百年来的鱼文化，每年举办的鱼文化节促进民俗风情的继承和弘扬。桑基鱼塘已成功入选第二批中国重要农业文化遗产。还有器乐表演《江南丝竹》、荻港渔庄"陈家菜"、民间山歌《十房媳妇》等非物质文化遗产。

（四）发展力评价

"深厚的文士气韵""浓郁的隐逸文化""'小桥流水人家'风格的江南水乡"是荻港古村可以转化利用的核心要素，将这一核心要素进行情景化呈现，是对南浔地域文化的一种极好的诠释，具备很好的创造性转化、创新性发展前景。

三、核心基因保存

"深厚的文士气韵""浓郁的隐逸文化""'小桥流水人家'风格的江南水乡"作为荻港古村的核心文化基因,保存于荻港古村实体村落。

南苕胜境

浔溪溯源 南浔文化基因

南岩胜境

南苕胜境位于荻港村东南隅，建于史称乾嘉盛世的年代，当时是一整个建筑群，其中以云怡堂、积川书塾最为有名。清嘉庆十年（1805），嘉庆皇帝钦赐加封，御书"玉清赞化"匾额，现存遗迹。其境内水清波碧，桑茂鱼肥，民风淳朴，文化底蕴深厚。南苕胜境原是一个私家园林，至今保存有放生池、五孔石梁桥、四面厅台基、吕纯阳像石碑及两棵古树。云怡堂为道教设坛之地，堂内曾保存有多卷本《道藏经》，分10个樟木书橱存放，目前尚存石碑。南苕胜境遗址主要通过旅游参观的方式为人所熟知，古村南苕胜境中自古就有"长寿桥上走一走，保你活到九十九"的谚语，鼎盛时期的两位状元和百多位文魁，代表着古村家族曾经的骄傲，也传承着智慧修炼的长寿之道。2003年1月，南苕胜境被湖州市人民政府公布为市级文保单位，其蕴含的崇文兴教的耕读文化极具地域和文化特色，有利于实现传统文化的创造性转化和创新性发展。

一、要素分解

（一）物质要素
河港纵横的生态环境

南苕胜境位于和孚镇荻港村，因水中芦苇丛生而得名。青堂瓦舍，古色古香，村内绿桑成荫、鱼塘连片、水路如织、廊屋逶迤，构成水乡古镇的独特景观；四面环水，河港纵横，50多座古老的小石桥静卧在绿水碧波之上。至今，古村依旧保留着青堂瓦舍、回廊曲巷的传统风格，展现着江南水乡的文化魅力。

（二）精神要素
1. 耕读传家的传统观念

位于南苕胜境的积川私塾，走出了两位状元，数十名进士，两百多名太学生、贡生，百余名诗人，等等。如今，这里成为村里学龄前儿童举行启蒙礼的地方。每年9月1日，孩子们穿汉服、拜孔像，在老人的指导下学写"人"字，感受诗书传家的耕读文化。

2. 精工善艺的品格

南苕胜境古建筑群工艺精美。如大门门楣上原有一组石雕，图案十分精致。据介绍，这类图案象征着中国的儒释道三教合一。建于清乾隆三十四年（1769）的云怡堂，是道教设坛的所在地，分前后两进，前为文昌阁，后为吕祖殿。吕祖殿规模较大，为楼井式结构。

3.崇文兴教的情感

南苕胜境遗址中的积川书塾原为荻港章氏私家书塾，荻港章氏是村里的名门望族，章氏第六世霞桴公嘉猷弟兄三人，有鉴于科举考试为读书人跻身仕途的唯一途径，事关个人荣华富贵和家庭光宗耀祖，因而重视教育、培植子弟，代代相传。"积川"二字取自古人荀子所言"土积成山，水积成川"，意为希望培养出许许多多熟读诗书的读书人。

（三）语言与象征符号

1.种类繁多的建筑式样

南苕胜境有嘉庆御笔"玉清赞化"御碑亭，太子少保朱珪的《积川书塾记》碑亭。主建筑为积川书塾、祖师祠，周围有亭台楼阁、回廊绕环、水池津梁、奇石清流、梅林点染、花竹幽影。积川书塾内设讲堂、时还书屋等，乾隆年间建造的八卦池、五孔架桥梁，全国少有。时光如水，沧海桑田，如今只有八角池、五孔桥、四面厅台基、吕纯阳画像碑等遗迹。

2.三教合一的图案构成

在和孚荻港村,一座似古非古的门楼迎面而立,时光在它上面留下了斑驳苍老的印记,这是原"南苕胜境"古建筑群的大门。门楣上有一组石雕,图案十分精致,分别是菊花、太极图(花)、莲花、梅花,象征着中国的儒释道三教合一。

二、核心基因提取与评价

南苕胜境遗址位于"上有天堂，下有苏杭，中间有荻港"的荻港古村，历经风雨的南苕胜境，如今大部分建筑已不复存在。尽管如此，从现有基址看，仍可想象出当年之气势恢宏，并彰显出独特的文化价值。其核心基因是"耕读传家的传统观念""种类繁多的建筑式样"。

南苕胜境核心文化基因评价依据

评价项目	评价因子	评价依据（特点）	是否
生命力评价	文化基因存续的时间	自出现起延续至今，未曾明显中断	√
		自出现起延续至今，但多次衰微、中断后复兴	
		曾明显衰败，改革开放后开始复活复兴或历史溯源关键环节缺失，难以考证	
		文化形态主体已灭失，现存部分痕迹	
	文化基因的稳定性	在发展过程中保持相当稳定的状态	√
		在发展过程中存在明显的精神内涵、表现形式剧变	
凝聚力评价	文化基因的凝聚力及社会动员效果	曾广泛凝聚起区域群体的力量，显著推动过社会经济文化的发展	√
		曾部分凝聚起区域群体力量，对社会经济文化的发展产生过影响	
		凝聚过力量，创造过实际的发展动能，但未见对社会经济文化发展产生显著改变	
		仅在历史文献或口耳相传中存在，未见实际介入社会经济发展	

续表

评价项目	评价因子	评价依据（特点）	是否
影响力评价	辐射的范围	具有全国性、世界性的影响力	
		具有长三角区域、浙江省影响力	√
		具有市县、乡镇影响力	
	提炼的高度	已经被古代文人士大夫和当代学者提炼为精神符号和理念理论	
		单纯的样式、造型、工艺技术规范	√
发展力评价	与当代精神追求和价值观念的契合	传统文化基因得到创造性转化、创新性发展；区域革命文化基因被完整继承、广泛弘扬；区域社会主义先进文化基因成为与浙江"三个地"相适应的文化高地	
		部分转化、部分弘扬、部分发展	√
		难以转化、难以弘扬、难以发展	

说明：基因特点评价是对解码出来的基因，根据本《导则》表2的要求，围绕"四个力"逐一对表打"√"，进行定性表述

（一）生命力评价

南苕胜境遗址中保存至今的八角放生池、五孔石梁桥、四面厅台基、吕纯阳像石碑及两棵古树似乎还在诉说着那段厚重的历史，勾勒出南苕胜境昔日的恢宏气势。耕读传家，传承着亘古不变的江南忠孝文化和仁义礼智信的儒家思想。近年来，和孚镇荻港古村全面修复了南苕胜境景观区，先后建起名人馆、乡贤馆、农民公园和文化长廊等，村内粉墙黛瓦错落有致、飞檐翘角精致典雅，交错的石板路、斑驳的石梁桥，再现了千年荻港的古意沧桑，吸引着众多游人前往参观。

（二）凝聚力评价

兴建于清乾隆年间的南苕胜境，有嘉庆皇帝御笔"玉清赞化"御碑亭，主建筑为积川书塾、祖师祠。从积川书塾走出了

众多文人墨客。如今，这里成为村里学龄前儿童举行启蒙礼的地方。每年当地都会举行仪式，由老人带领着身着汉服的孩子们学写"人"字，感受诗书传家的耕读文化，充分展现了其耕读传家理念的凝聚力。

（三）影响力评价

南苕胜境地处东苕溪南端，这里因有众多文人墨客隐居于此，且环境清幽，胜似人间仙境而得名。园内古韵犹存，景色宜人，四面环水，具备原生态的恬静之美。保存至今的有八角放生池和横跨在上的五孔长寿桥，村里的老人说："五孔长桥走一走，人寿超过九十九。"很多游人慕名来此参观，游走于街巷之中，观古村风光，览名胜古迹，体会风土人情，感受南苕胜境遗址的古韵气质。2003年，南苕胜境遗迹被列为市级文物保护单位。

（四）发展力评价

南苕胜境建于乾隆盛世年间，其中云怡堂和积川书塾最为有名。南苕胜境遗址蕴含的"耕读传家的传统观念"以及"种类繁多的建筑式样"展现着江南地区的民俗风貌与文化，彰显着崇文重教、育盛世安邦之才的优秀传统。走进南苕胜境，首先映入眼帘的就是这方小水塘和连接两岸的桥，走过桥，就是书塾。修复过的南苕胜境亭池掩映、松柏幽森、梅林点染、粉墙花影、奇石清流、廊庑回环，是人们领略道教文化和湖州富庶的绝佳去处，同时也是了解传统建筑及耕读文化的最好素材，具备很好的旅游产品创造性转化前景。

三、核心基因保存

"耕读传家的传统观念"和"种类繁多的建筑式样"是南苕胜境遗址的核心文化基因,实物保存为南苕胜境遗址。此外,相关视频资料有《诗意小镇,乡愁荻港》。

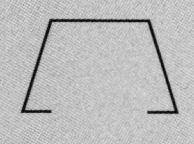

嘉业堂

浔溪溯源　南浔文化基因

嘉业堂

位于浙江湖州南浔镇的嘉业堂，又称嘉业藏书楼，是中国近代著名的私人藏书楼。楼主刘承幹以传统典籍为主的收藏、刊刻活动，始于清末，经历20年左右发展，至20世纪20年代达到高峰，藏书总量达到约20万册，约计60万卷。刘承幹被称为近代私家藏书的巨擘。

刘承幹于1920年动工修建嘉业堂，费时四年，于1924年建成。藏书楼与小莲庄毗邻，总体设计为园林式格局。藏书楼坐北朝南，为"口"字形回廊式两进两层走马楼，分主体和左右厢房，共有52间。后进正厅即"嘉业堂"，悬挂有清逊帝溥仪所赐的"钦若嘉业"九龙金匾，这也是藏书楼名为"嘉业堂"的原因。正厅东侧为"宋四史斋"，藏宋版《史记》《汉书》《后汉书》《三国志》四部史书。西侧为"诗萃室"，藏古本诗词。楼上为"希古楼"，存放经部古籍。另有"黎光阁"与"求恕斋"，分别存有珍本《四库全书》和其他史部古籍①。

经历了短暂辉煌之后，刘氏的藏书事业随即衰落，所藏图书之精华，相继流出。20世纪40年代初，刘承幹将上海寓所所藏图书，大半售出。至20世纪50年代初，藏书楼所藏图书及刻书板片，由刘氏捐给浙江图书馆。稍后，刘氏上海寓所藏书之剩余，又陆续让售予复旦大学图书馆及南北

书业。嘉业堂藏书的散失，在一定程度上标志着传统意义上集收藏、研究、流播于一体的私人藏书家（楼）的终结。其藏书从无到有，又由盛而衰，前后不过半个世纪，这种"自我得之，自我失之"的急遽聚散，既有其个人及家族原因，又受到所处时代的影响。

原嘉业堂藏书现分藏于海内外各大图书馆及研究机构，如国家图书馆、浙江图书馆、复旦大学图书馆、浙江大学图书馆、香港大学图书馆、澳门何东图书馆、美国加州大学伯克利分校东亚图书馆等。

嘉业堂是民国时期最为著名的私家藏书楼，鼎盛时，嘉业堂积聚起约60万卷书，拥有诸如"宋本四史"、《永乐大典》残本等大量古本精椠，可谓"精英所钟聚"。刘承幹被誉为"民国藏书第一人"，嘉业堂被时人盛赞为"嘉业所藏，冠绝古今"。

---

① 据叶静一《〈嘉业堂志〉研究》，求恕斋（楼上中央一间），不置书籍，东西两侧藏宋元刻本、明初精椠及《永乐大典》残本等。

一、要素分解

（一）物质要素

1. 优越的地理位置，便捷的水路交通，迅速发展的社会经济

得益于上海的开埠，湖州以丝绸业积累了大量的财富，尤其是湖州的水乡南浔，凭借着优越的地理位置，便捷的水路交通，迅速发展起来。一时间，南浔"阛阓鳞次，烟火万家，苕水流碧，舟航辐辏，虽吴兴之东鄙，实江浙之雄镇"（汪曰桢《南浔镇志》）。富裕起来的南浔人继承了家乡藏书的传统，接续起蓄书的流风遗韵，将极大的热情投入到藏书中去。民国初年，以刘承幹、张钧衡、蒋汝藻为代表的南浔藏书家群体异军突起，成为一个在我国藏书史上引人瞩目的现象。在这一藏书家群体中，刘承幹凭借着雄厚的财力，博搜广取，无求不给，斥资约30万元，聚书约60万卷。其收藏之丰，张钧衡适园、蒋汝藻密韵楼也难望其项背，成为其中的翘楚。

2. 刘氏家族殷实的家底

刘氏家族，祖籍浙江上虞。清康熙年间，刘家第二十四世祖刘尚贤举家迁来湖州南浔，居镇上太安桥边丝竹埭，至刘承幹的祖父刘镛，为第二十九世。湖州以盛产丝绸著称，其地蚕丝产量冠于江浙，世称"湖丝""湖绸"。南浔镇位于湖州东南,交通发达,工商业繁荣,被称为"湖州首富之区"。旧时镇上居民多以缫丝为业,商人亦以丝绸贸易致富。刘家的财富主要就是靠刘镛经营丝业积聚起来的。刘镛(1826—1899),名介康,字贯经,其祖父、父亲、伯父、叔父都是丝行里的雇工。刘镛出身贫寒,少时做过绵绸布坊学徒,干了一年多,听说其师年收入仅百千,认为这样不足以起家,遂于一年后改入丝行当伙计,五年后,积累了丰富的丝事贸易经验和一些钱财。19世纪后半叶,因五口通商,上海对外贸易兴起,成为我国东南地区进出口物资之集散地,并辐射至周边地区。南浔镇的传统生丝收购加工业,遂成为经由上海出口至欧洲的重要产业,南浔丝市贸易盛况空前。精明的刘镛抓住这一千载难逢的发家机遇,先是与人合伙在南浔开设丝行,积累资本后,遂独资经营。其因头脑灵敏,生性坚毅,仅20年左右时间,便财雄乡里,创下上千万家资。

刘承幹原为刘锦藻的长子。当其4岁时,因伯父刘安澜早逝无后,即遵祖父之命,过继为长房之子,兼祧长房香火。光绪二十五年(1899),刘承幹以"承重孙"的身份继承祖业,一夜之间遂成豪富,为他从事藏书刻书事业提供了坚实的物质保证。

3. 私家藏书风气盛行

浙江是藏书文化发达的重要区域,在晚清四大藏书楼中就占有两席,可见浙江私家藏书风气之盛。除这些著名的藏书楼外，其他藏书楼在浙江大地如雨后春笋，星罗棋布。刘承幹在《吴兴丛书·序》中说："溯自同光以来，际中兴之会，吾浙士大夫多好搜罗古籍，表彰先哲。其藏书之富，如钱塘之丁氏，槜李之孙氏，归安之陆氏，彰彰在人耳目者。"浙江的藏书家、藏书楼不仅数量众多，其中有名的也为数不少。这些藏书家、藏书楼的涌现，在延续文脉的同时，也在续写着我国私家藏书的历史，丰富浙江的藏书文化，使浙江的私家藏书在我国私家藏书史上具有举足轻重的地位。

（二）精神要素

1. 天人合一的思想

刘承幹的嘉业堂，是一座花园式的藏书楼，把观赏景色和藏书、著书、吟咏融合在一起，寓肃穆的书楼于幽雅的园林之中。嘉业堂整座建筑总体设计为"口"字形回廊的园林式布局，为砖木式结构、中西合璧的两层楼房。书楼分前后两进，每进面宽七间，左右厢房各六间，共五十二间，气势宏伟。其间有"宋四史斋""诗萃室""希古楼""黎光阁"等，都作藏书之用。

楼中书架都是玻璃木橱，书箱上镌有书名，刻工精美，整齐美观，明亮宽敞，气派非凡。中间正方天井平铺方砖，不生杂草，可作夏季晾晒图书之用。此外，藏书楼对防火、防潮、通风等要求十分严格，整体设计周密，构筑精心。四周河水围绕，利于防火、灭火。楼房都用专窑专烧的青砖铺地，既可通风、隔热，也有防潮的功能。楼的南面为小花园，花草遍地，藤萝如瀑。书楼与花园有外围河道环绕，以流水替代围墙，使书楼建筑、花园景色与四周旷村野趣融为一体。此正如刘承幹在《嘉业藏书楼记》中描述的："园之四周，环以溪水，平临块莽，直视无碍。"这充分体现了藏书楼建筑追求天人合一的思想，在选址、朝向、用材上都十分讲究，能够对藏书进行很好的保护。

2. 合流众长、兼收并蓄的思想

嘉业堂藏书合流众长、兼收并蓄，江浙一带藏书家之精华皆有入藏。刘承幹自述："如甬东卢氏之抱经楼、独山莫氏之影山草堂、仁和朱氏之结一庐、丰顺丁氏之持静斋、太仓缪氏之东仓书库，皆积累世之甄录，为精英所钟聚，以世变之日亟，人方驰骛于所谓新说者，而土苴旧学，虑仓卒不可保，为余之所好也，遂举而委贾焉。而江阴缪艺风参议、诸暨孙问清太史，亦各以宋元精椠，取值畀余。论者或喜书之得所归，余亦幸其适会其时，如众派之分流而总汇于兹楼，以偿夙愿。都计所得约六十万卷，费逾三十万。"

（三）制度要素

1. 以实用为主的购书原则

1913年，刘承幹曾向为其主持版本鉴定的缪荃孙谈及其购书原则：

鄙意欲多收明刻、国朝人集部，以备浏览。此种书籍价不甚昂，倘一失之，即恐不可复得。

若宋元各种但备名目，不论何书均可收藏。将来书籍广储而后再备数种，稍迟不妨。

刘氏和其他友人通信中，也多次表明这一原则：

承尚近购何书，幹所得者不过寻常旧本，并无宋之精椠。蓝亦不求精椠，但冀亥豕无讹而已。

侄素于宋椠不甚经意，盖所痴在书以备翻阅，并非痴其精椠以夸邺架之珍。

由此可见，刘氏购书以实用为主，不单单追求宋元版本，不同于其他藏书家以收罗宋元本为主要目的。如其同乡陆心源以"皕宋"名其藏书楼，意谓所储宋刻本已有二百种左右，远远超过了清代藏书家黄丕烈的"百宋一廛"；又如广东藏书家潘宗周专收宋本达百余种，其藏书楼"宝礼堂"，即因所藏宋本《礼记》而得名。据有人初步统计，在刘氏收藏的一万多种书中，宋本只有六七十种。熟悉近代藏书掌故的郑振铎先生认为，刘氏购书"着重在史料与实用，而版本书则为附带收下者"。刘氏藏书注重史料、实用的倾向，与两个因素有直接关系：一是其生父刘锦藻编著《皇朝续文献通考》（即《清朝续文献通考》），需要大量购置史部书籍；二是要完成所后父刘安澜《国朝诗萃》编纂的未竟事业，需要大量购置明清人诗文集。陈乃乾《上海书林梦忆录》中说："其时风气，明清两朝诗文集几于无人问鼎，苟有得者，悉趋于刘氏，积之久，遂蔚成大观……"

2. 以人为本、藏用结合的原则

中国传统文人向来注重阅读氛围的塑造，强调书斋典雅、宜人和舒适的风格。嘉业堂无论从外部环境的设计还是内部装饰的布置，均优雅古朴，开放大气，非常适合读书，且以敞开、接纳的姿态迎接八方来宾，体现了中国传统的人文关怀。例如，嘉业堂的每个署名斋室均分隔成前后两进，后为藏书之所，前为读书之处，外面则为面向天井的走廊。书楼光线明亮，空气清新，往来称便。从此设计细节，我们可感受到藏书楼主人营造宜人阅读空间的用心。

（四）语言与象征符号

1. 明刊本、稿本、抄校本为所藏精华

郑振铎称："嘉业堂所藏以稿本及明刊本为精华。"嘉业堂明刊本约有2000部，其中多有不见载于《千顷堂书目》《明史·艺文志》《四库全书总目》的孤本或稀见本。傅增湘论明刊本在其时的收藏价值时说："然自清初而上溯之，距南宋之初约五百年，距元之中叶约三百年；试更由今以上溯之，距嘉靖初元为四百十年，距万历末造为三百二十年；是则今日之求嘉靖本，可当清初之求宋端平本矣。"（《涉园明本书目跋》）在嘉业堂收藏的明刊本中，有许多明代政治、经济、文化乃至边防的资料，可以用来补《明史》之疏漏。郑振铎一直有编纂"明史长编"的计划，当他翻阅了嘉业堂所藏的明刊本后，大喜过望，认为自己的编纂计划必有成功之日。

众多稿本和抄校本，也是嘉业堂藏书一大特色。周子美编有《嘉业堂钞校本目录》，从中可窥见嘉业堂抄校本全貌。嘉业堂抄本共有近2000种，内有不少是珍贵善本。如明抄《永乐大典》40多册，明抄全部《明实录》，

以及各种明抄历史秘本如《万历邸钞》等书。另外，嘉业堂还有徐松从《永乐大典》辑出的《宋会要》稿本，修《四库全书》时翁方纲撰写的《四库提要》原稿150册（内中有提要近千篇），花费数万元到北京抄来的《清实录》和清国史馆未用的名臣列传2000多篇，等等。稿本中较为有名的还有朱彝尊《五代史记注》稿本70卷、刘逢禄《尚书今古文集解》、焦循手书诗稿等。名家抄校更是荟萃其中，如范氏天一阁、祁氏澹生堂、毛氏汲古阁、朱氏潜采堂、劳氏丹铅精舍、朱氏结一庐、丁氏持静斋、莫氏影山草堂、顾氏艺海楼、丁氏八千卷楼等曾经抄写、收藏之本。

2. 明清人诗文集多

当时，明清人诗文集多不为藏书家所重，刘承幹却大量搜购。嘉业堂约2000种明刊本中，有明人别集约600种，其中有许多《四库全书》未收之本、入《四库全书》存目之本，还有许多被列入清朝禁书书目中的别集。这些别集因其稀有而珍贵，特别是那些清朝禁书中的明人别集，更是成为后来藏书家们竞相追捧的秘籍。嘉业堂藏书中清刊诗文集更是多达5000种左右。

3. 重视乡邦文献的搜集

刘承幹于弱冠之年即喜治史书，于史书中又特别注重搜集乡邦文献。其中对志书的搜集甚至到了来者不拒的程度，从浙江一省到全国各省，从州志到镇志，几欲囊括。嘉业堂到底藏有多少志书？始终未有定数。《中国地方志综录》中称有1012部；据在嘉业藏书楼工作过的黄孝纾统计，全盛时期是1192种；复旦大学图书馆藏《嘉业堂书目》把志书单列一册，有1058部；李性忠统计，有据可查者当不少于1280种；1951年，浙江

· 108 ·

图书馆接受嘉业堂捐赠时，点收方志1123种，加上所流失的293种，合计1416种。嘉业堂所藏志书，不仅数量多，而且质量高。黄孝纾曾就嘉业堂藏志书与当时众多图书馆所藏志书目录对照，嘉业堂有珍本62种，为其他图书馆所未藏。据苏精研究，嘉业堂藏志书中有29部是其他机构或个人没有的，例如明成化《四明郡志》、嘉靖《滑县志》、万历《郧阳县志》等，都可以算是孤本，还有59部是除嘉业堂外，仅另有一个机构或个人收藏的。可见嘉业堂藏志书之珍贵。

二、核心基因提取与评价

基于对材料的全面、深入分析,得出本文化元素的核心基因:"天人合一、合流众长、兼收并蓄的思想""以人为本、藏用结合的原则"。

嘉业堂藏书楼核心文化基因评价依据

评价项目	评价因子	评价依据(特点)	是否
生命力评价	文化基因存续的时间	自出现起延续至今,未曾明显中断	√
		自出现起延续至今,但多次衰微、中断后复兴	
		曾明显衰败,改革开放后开始复活复兴或历史溯源关键环节缺失,难以考证	
		文化形态主体已灭失,现存部分痕迹	
	文化基因的稳定性	在发展过程中保持相当稳定的状态	√
		在发展过程中存在明显的精神内涵、表现形式剧变	
凝聚力评价	文化基因的凝聚力及社会动员效果	曾广泛凝聚起区域群体的力量,显著推动过社会经济文化的发展	√
		曾部分凝聚起区域群体力量,对社会经济文化的发展产生过影响	
		凝聚过力量,创造过实际的发展动能,但未见对社会经济文化发展产生显著改变	
		仅在历史文献或口耳相传中存在,未见实际介入社会经济发展	

续表

评价项目	评价因子	评价依据（特点）	是否
影响力评价	辐射的范围	具有全国性、世界性的影响力	√
		具有长三角区域、浙江省影响力	
		具有市县、乡镇影响力	
	提炼的高度	已经被古代文人士大夫和当代学者提炼为精神符号和理念理论	√
		单纯的样式、造型、工艺技术规范	
发展力评价	与当代精神追求和价值观念的契合	传统文化基因得到创造性转化、创新性发展；区域革命文化基因被完整继承、广泛弘扬；区域社会主义先进文化基因成为与浙江"三个地"相适应的文化高地	√
		部分转化、部分弘扬、部分发展	
		难以转化、难以弘扬、难以发展	

说明：基因特点评价是对解码出来的基因，根据本《导则》表2的要求，围绕"四个力"逐一对表打"√"，进行定性表述

（一）生命力评价

刘承幹在长达20年左右的时间内，共收集各类书籍约20万册、约60万卷之巨。从所藏数量上看，远超清末四大藏书楼，因而他被誉为"民国私人藏书第一人"。藏书质量亦是上乘，其中最珍贵的为明抄《永乐大典》42册88卷，《永乐大典》当时存世的约为730卷，嘉业堂即占其12%。另外，嘉业堂收藏了较完整的全国州、郡、府、县、镇各类地方志达1192种（据黄孝纾统计），其中如万历《郧阳县志》、嘉靖《滑县志》、康熙《处州府志》等29种地方志，为海内孤本，弥足珍贵。

（二）凝聚力评价

嘉业堂兴盛之时，兼收并蓄，汇合众流，荟萃大量清末江南藏书家之藏书精华，如从独山莫氏影山草堂、四明卢氏抱经楼、仁和朱氏结一庐、江阴缪氏艺风堂等散出的藏书，多为刘氏所搜罗。刘氏聚书初期，曾得缪荃孙、叶昌炽等目录版本学家为其鉴定版刻，又与著名的藏书家傅增湘、张元济、董康等有密切交往。刘承幹在搜书购书的同时，刊刻大量书籍，很多是当时罕见之本。刘氏的藏书、刻书活动，对于保存传统典籍作出重要贡献。刘氏藏书、聚书、抄书、刻书的活动，为近代藏书史、刻书史、出版史及学术史的重要研究内容。其藏书散出及分别入藏各大图书馆，也是中国近代图书收藏由私藏转为公藏的典型范例，具有多方面的研究价值。凝聚力强大。

（三）影响力评价

嘉业堂名声很大，鲁迅在《病后杂谈》中，曾生动描述其到刘宅买书被拒一事，并对刘承幹刻书，尤其是刊刻清代禁书，表示十分赞赏。所见1949年以前发表的文章有：张鉴所撰《南浔刘氏嘉业堂观书记》，记其1935年到嘉业堂参观之见闻；曾做过刘承幹秘书的黄孝纾，1934年撰有《吴兴刘氏嘉业堂藏书纪略》，从藏书来源、建筑等方面对嘉业堂作介绍。至20世纪80年代，有许寅《"傻公子"作出的"傻贡献"》、周子美《嘉业堂藏书聚散考》、张学舒《刘承幹及其嘉业堂藏书》、林祖藻《嘉业藏书楼的今昔》等文章。20世纪90年代以后，嘉业堂及其藏书研究，引起学术界关注。2000年，周子美先生所编《嘉业堂钞校本目录》出版。浙江图书馆李性忠发表一系列有关嘉业堂研究的文章，最后结集为《嘉业藏书楼——二十世纪藏书文化史上的丰碑》出版，对嘉业堂藏书进行了多层次研究。复旦大学吴格的研究成果更为显著：点校整理的《嘉业堂藏书志》（复旦大学图书馆藏稿本），于1997年由复旦大学出版社出版；撰写的《〈嘉业堂藏书志〉整理记》，详细介绍了《嘉业堂藏书志》的编纂过程；撰写的《近代私人藏书楼的终结——以嘉业藏书楼藏书为例》一文，以大量翔实丰富的第一手资料，较为全面地论述了嘉业堂主人的家世、生平及其藏书的聚散过程。此外，吴格还对原嘉业堂所藏《清国史》及《清实录》、翁方纲纂《四库全书提要稿》抄本的流传过程进行考订，撰有《嘉业堂传钞清〈实录〉及〈国史〉考》《嘉业堂传钞清〈国史〉影印说明》《翁方纲纂〈四库全书提要稿〉流传原委》《翁方纲纂〈四库全书提要稿〉发微》等文，均为嘉业堂藏书研究的重要成果。

（四）发展力评价

新中国成立后，刘承幹将上海寓所尚存的2000余种古籍低价售予复旦大学图书馆，并于1951年毅然以嘉业堂全部房产及藏书约11万册（其中包括未散出的地方志书、杂志3000余册、自刻书2万余册、板片2万余片），无代价全部捐献给国家，由浙江图书馆接管。这使劫后余生的嘉业堂得到了精心的保护与管理。2001年，嘉业堂被列为全国重点文物保护单位，省、市政府几次拨款加以修葺，使之为我国的学术研究及文旅事业发挥越来越大的作用。

三、核心基因保存

"天人合一、合流众长、兼收并蓄的思想""以人为本、藏用结合的原则"是嘉业堂的核心文化基因，实物保存在嘉业堂、中国国家图书馆、浙江图书馆、复旦大学图书馆、浙江大学图书馆、香港大学图书馆、澳门何东图书馆、美国加州大学伯克利分校东亚图书馆等。

练市柴火羊肉

浔溪溯源 南浔文化基因

练市柴火羊肉

练市镇是最大的湖羊产区之一，自宋朝始，练市已经形成了"家家户户养湖羊，每户要养三五只"的局面。练市羊肉是湖州的一大特色美食，以柴火土灶烧就，一口大锅里面，羊肉被焖得油光闪亮，特别是到了冬季，柴火羊肉的香味开始弥漫在大街小巷，家家户户都烧起羊肉，不管是招待宾客还是自己吃着暖身子，都是最优之选。作为练市的一道名菜，练市柴火羊肉具有精而不油、酥而不腻、香而不膻、色泽红亮、鲜美无穷等特点，入选了浙江省"百县千碗"美食名录，名扬长三角地区。2011年，练市镇先后被浙江省餐饮行业协会、浙江省畜牧产业协会授予"红烧羊肉第一镇""湖羊文化名镇"等称号。

练市柴火羊肉取材讲究，要选约一岁的雄性成年湖羊，宰杀剥皮后，切成大块入锅，加入黄酒、酱油、糖、红枣、生姜等作料烹之，再加各种调味料去膻，最后加冰糖提鲜增色。用桑柴烧制是其重要特点，极具地域特色。其独特的食养规范和烧制技艺反映着传统饮食文化的丰富内涵，有赖于今人的创造性转化和创新性发展。

一、要素分解

（一）物质要素

1. 优质的原材料

主料：练市柴火羊肉的主食材取自成年湖羊（雄性为上品）。活杀剥皮后，切成大块入锅。

作料：黄酒、酱油、食盐、冰糖、生姜、大蒜、红枣、干辣椒、桂皮、茴香等。

桑柴：每年冬季修剪下来的桑树柴火是烹制练市羊肉的主角之一，桑柴的余温可以帮助羊肉收汁，能更好地去膻入味。

2. 历史悠久的饲羊环境

早期北方移民携带蒙古羊南下，在南方缺乏天然牧场的条件下，改放牧为圈养，逐渐形成了湖羊的养殖模式。练市镇地

处杭嘉湖平原，独特的区位优势，密集的水网，植桑养蚕的传统，充足的草料供应，使其成了湖羊养殖的绝佳之地。居民利用青草辅以桑叶的办法进行舍饲。经过多年人工选育，羊只逐渐适应了南方高温高湿的气候条件，形成今日的湖羊品种。

（二）精神要素

1. 美味滋补的食养观念

从中医的角度来说，羊肉补中益气，性甘，大热，味甘而不油腻，有壮阳补肾、暖中祛寒、温补气血等养生功效。练市柴火羊肉肉质细嫩，热量较高，历来被当作秋冬御寒和进补的重要食品之一，是置办喜宴、招待宾朋的餐桌佳肴。

2. 热爱生活的美好情感

"一冬羊肉，赛过几斤人参。"叫上一碟子羊肉或剪上一碟羊肚、羊肠，再热上一碗练市黄酒，慢悠悠地边吃边聊。亲切的招呼声、酥烂的羊肉、温吞入喉的黄酒，这是在练市古镇上土生土长的人拥有的一种生活享受。

（三）制度要素

1. 完整独特的烧制流程

首先选取成年雄性湖羊羊肉，洗净之后切成大块，生火烧水，将羊肉放入土灶上的生铁锅内，用冷水将羊肉浸没，用桑木柴火将水烧滚（不加锅盖，使膻味自然散发），烧滚后再煮5至10分钟，将浮在面上的泡沫、杂物舀去，再次去除羊肉的膻气。羊肉去沫后，加入酱油、食盐、冰糖、黄酒、生姜、大蒜、红枣、干辣椒、桂皮、茴香等作料，继续不加锅盖用中火烧40至50分钟。过程中需要不时翻炒，保持每块羊肉都能吸足汤汁，直至羊肉烧熟。

2."精而不油、酥而不腻、香而不膻、色泽红亮、鲜美无穷"的特色

练市红烧羊肉因其完整独特的烧制流程,入口酥烂入味,香气沁人心脾,浓香不膻,深受食客喜爱,是日常享用和招待宾客的特色美食。

二、核心基因提取与评价

练市柴火羊肉是餐桌宴席之佳肴,具有极高的营养价值,是真正集美味与营养于一身的一道美食,受到食客们的欢迎。其核心基因为"精而不油、酥而不腻、香而不膻、色泽红亮、鲜美无穷的特色"。

练市柴火羊肉核心文化基因评价依据

评价项目	评价因子	评价依据(特点)	是否
生命力评价	文化基因存续的时间	自出现起延续至今,未曾明显中断	√
		自出现起延续至今,但多次衰微、中断后复兴	
		曾明显衰败,改革开放后开始复活复兴或历史溯源关键环节缺失,难以考证	
		文化形态主体已灭失,现存部分痕迹	
	文化基因的稳定性	在发展过程中保持相当稳定的状态	√
		在发展过程中存在明显的精神内涵、表现形式剧变	
凝聚力评价	文化基因的凝聚力及社会动员效果	曾广泛凝聚起区域群体的力量,显著推动过社会经济文化的发展	√
		曾部分凝聚起区域群体力量,对社会经济文化的发展产生过影响	
		凝聚过力量,创造过实际的发展动能,但未见对社会经济文化发展产生显著改变	
		仅在历史文献或口耳相传中存在,未见实际介入社会经济发展	

续表

评价项目	评价因子	评价依据（特点）	是否
影响力评价	辐射的范围	具有全国性、世界性的影响力	
		具有长三角区域、浙江省影响力	√
		具有市县、乡镇影响力	
	提炼的高度	已经被古代文人士大夫和当代学者提炼为精神符号和理念理论	
		单纯的样式、造型、工艺技术规范	√
发展力评价	与当代精神追求和价值观念的契合	传统文化基因得到创造性转化、创新性发展；区域革命文化基因被完整继承、广泛弘扬；区域社会主义先进文化基因成为与浙江"三个地"相适应的文化高地	
		部分转化、部分弘扬、部分发展	√
		难以转化、难以弘扬、难以发展	

说明：基因特点评价是对解码出来的基因，根据本《导则》表2的要求，围绕"四个力"逐一对表打"√"，进行定性表述

（一）生命力评价

练市柴火羊肉是浙江省湖州市南浔区练市镇的传统特色名菜，自宋朝始即已形成，至今已有数百年历史，是江南著名的特色菜肴。其以精而不油、酥而不腻、香而不膻、色泽红亮、鲜美无穷的特色而成为当地人餐桌上的佳肴。食用羊肉所产热量大大超过其他肉类，从古至今人们一直把羊肉作为补阳御寒的最佳食品，具有极强的生命力。

（二）凝聚力评价

练市镇有"红烧羊肉第一镇"之称，在秋冬时节只要行走在练市街头，就能闻到红烧羊肉的香气。冬季的练市镇中，柴火羊肉的香味弥漫在大街小巷，不管是招待宾客还是自己吃着

暖身子，柴火羊肉都是本地居民的上上之选。每到秋冬季节，一碗红烧羊肉，让数以万计的游客慕名来到南浔区练市镇。"立冬过，吃羊肉"，练市柴火羊肉凝聚起了数以千计的食客前来品尝，起到了重要的凝聚作用。

（三）影响力评价

湖州的水土和习惯，改变了从塞北引入的绵羊基因，培养出专属这里的湖羊风味。练市柴火羊肉肉质十分鲜嫩，呈现酱红色泽，入口酥烂入味，浓香不膻，羊香沁人心脾，令人回味无穷。江南冬天的湿冷比北方更甚，作为冬季的滋补膳食，柴火羊肉就成了当地餐桌上不可少的大菜，其独特的口感和风味引来众多媒体争相报道，扩大了练市柴火羊肉的影响力。

（四）发展力评价

羊肉的脂肪和胆固醇含量较低，容易被人体消化吸收，能补虚，益肾气，养胆明目。练市红烧羊肉取材上乘，做法讲究，精而不油、酥而不腻、香而不膻、色泽红亮、鲜美无穷的特色，契合当下人们对美味和健康的需求，具备很好的旅游产品创造性转化前景。

三、核心基因保存

"精而不油、酥而不腻、香而不膻、色泽红亮、鲜美无穷的特色"是练市柴火羊肉的核心文化基因,其保存形态有柴火羊肉这一实物形态,此外视频资料还有《练市柴火红烧羊肉》《寻味浙江:湖州红烧羊肉》。

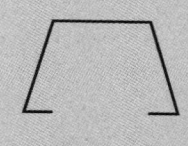

练市船拳

浔溪溯源　南浔文化基因

练市船拳

练市船拳起源于春秋，发展于唐宋，盛行于明清，并传承至今，具有吴越地区"习于水斗，便于用舟"的鲜明地方特色，集各种拳术的基本招式之长，似南拳，而非南拳，是中华武林百花园中的一朵奇葩。

练市船拳是浙江省的地方传统武术，旧时练市镇水系发达，而太湖水匪横行，船民、渔民便自备兵刃，聘请武师习练船拳以自卫。现在的船拳早已不用于防匪，但当地人依旧练得红红火火。表演船拳时，表演者在船头仅有比一张八仙桌稍宽的场地上练武打拳，拳术和兵器的传统套路合起来有近百种。练市船拳是浙江省非物质文化遗产，如今的练市船拳主要分布在朱家埭、达井、钟家墩、大虹桥等村，近年来，在当地学校也开设了船拳课，让更多人认识、了解、学习船拳。同时积极开展对外交流表演活动,近年来,练市船拳表演队不仅在乌镇景区表演,还走进南浔古镇景区、练市镇部分行政村等,扩大了表演范围。练市船拳套路丰富,效法水战,集多个拳种的基本招式之长,要求练习者神形合一,步法稳扎,躲闪灵活,具有重要的历史文化传承价值。充分挖掘练市船拳蕴含的文化基因,有利于传统武术文化的创造性转化和创新性发展。

一、要素分解

(一) 物质要素

1. 江南水乡独特的地理环境

因练市镇水系发达，当地居民在生产生活中，长期依赖于舟船，为了适应船上的生活，应对各种突发情况，船民要学习、练习拳脚以自卫，因此在实践和锻炼中逐渐形成了船拳。船拳在形成与发展中吸收了捕鱼的一些动作，比如说渔翁打鱼时的撒网、扔网和收网等动作，拳法似出非出，似打非打，出手比较敏捷，收招比较迅速。

2. 吴越文化的孕育与积淀

江南大地上的吴越文化充满柔性，以柔克刚的特性让吴越文化充满韧性。《吴越文化史话》一书认为吴越文化中最具有影响力的就是卧薪尝胆的传统，求真务实的学风。吴越争霸就是很好的证明，吴国用强大的武力征服越国，但是越国却用其隐忍，成就了"卧薪尝胆"的传奇。这段家喻户晓的传奇故事，最终演变成了吴越精神中的一部分。不张扬的做事风格在吴越文化中被很好地展现，柔性文化看似柔弱，但是却用其内里的韧性成就了不一样的船拳文化。

3. 形式多样的技击工具

船拳的表演场地是用两条木农船并排扎成的，上面用厚度约5厘米的上好直木板铺成约一丈见方的台面，供拳师打拳踢腿，舞枪弄棍，单打对练。船舱扎彩楼，两船员手持竹篙，以防行驶途中搁浅。后舱挂有布幔门帘，左右置威武架，长短兵器安放有序。船艄上两支大橹协调行驶，拳船行至村、镇时便开始船拳表演。其技击工具众多，包含刀、枪、剑、棍、叉等。

（二）精神要素
1. 强身御敌的观念
练市船拳作为江南水乡地区的传统拳术，主要使用者是当地船民，因为长期在水上活动，为了抵御盗贼倭寇等的侵扰，练就了在船头技击的招式。船拳的手法似出非出，似打非打，出招敏捷，收招迅速，如猫捕鼠，如箭在弦；防御动作以手为主，双手不离上下，如门窗一样，似开非开，似闭未闭，以身为轴，一般在原地转动。船拳以独特风格立于武林之中，为江南民众所喜爱。

2. 坚持勤奋的品格
迎难而上，是船拳的内在力量。身体的不稳定和船体的面积限制等，不仅给拳术演练者加大了练习难度，而且也提出了更高的身体和心理素质要求。我国是世界闻名的礼仪之邦，练市船拳文化深受我国传统文化滋养，以仁爱精神为指导，以促进人际关系和谐为目标，是超出一般意义的体育运动，是人们修养身心的方法之一。

3. 防身自卫的意愿
由于受船体面积的限制，练市船拳的一招一式不能像其他武术那样，进行大面积的跳、蹦、纵、闪、展、腾、挪，但它却集多个拳种的基本招式之长，似南拳，而非南拳。在船头习武，身动船晃，为了适应船身的移动，习武人既要桩牢身稳，施展技艺，又不能受船动的束缚，因而船拳的一招一式不同于一般的陆地武艺，具有水战实用的特点。

（三）制度要素

1. 神形合一、效法水战、步法稳扎、躲闪灵活的规范特点

练市船拳具有体用兼备、内外兼修、短兵相接、效法水战的独特风格。进攻时出招敏捷，收招迅速；防御时以手为主，似开似闭，以身为轴，原地转动；练功时注重步法，多练马步、三角步、拖步、马步转立步，以求步法稳健，腰步训练则重转体、甩腰、下腰等，以便操拳时灵活自如，进则带攻，攻则带躲闪。

2. 重视传统武术礼仪

练市船拳的突出表现就是将武术礼仪融入套路当中，如拳谱中多有"请""恭请"等动作的出现。据统计，《浙江省武术拳械录》47个船拳拳械套路中约有15个套路把"请"的这一动作礼仪载入拳谱。这种直接把礼仪作为套路的一部分载入拳谱的方式，充分体现了船拳注重武德、讲求礼节、以武会友的特质。

3. 个人传承与协会传承并举

为了能够促进非物质文化遗产的发展，我国建立了传承人制度，通过确定传承人保障非物质文化遗产能够顺利传承。随着练市船拳进一步发展，为了能够保障练市船拳的顺利传承，在培养传承者的基础上，练市镇党委、政府还采取了其他保护措施。一是注重专管和引导。由镇宣传文化中心牵头，成立练市船拳协会，通过举办培训班，组织专场比赛，营造良好的氛围。二是保护主体除了非遗传承人，还包括致力于保护非物质文化的群体。船拳协会作为保护主体，对非物质文化遗产的传承起到推动作用，协会会员来自不同的群体，为保护船拳贡献自己的一份力量。从2011年开始，董仁龙等几位老拳师号召成立练市镇船拳协会，并发动周边老拳师加入。他们积极到"文化大舞台"表演，参加各项省市比赛交流技艺，以扩大船拳知名度。船拳协会从无人到有一百多位注册拳师，参加比赛获得奖牌一百多枚，多种拳法列入《浙江省武术拳械录》，真正将传承船拳落到了实处。

（四）语言与象征符号

1. 种类丰富的武术套路式样

船拳套路丰富多彩，拳术和兵器的传统套路两者合起来多达近百种。主要从五方面演化而来。一是从民间练武形式演变而来，如"舞板凳""滚盾牌""石担开四门"等。二是从历史掌故立拳，如"太祖拳""杨家金枪"等。三是糅合民间特技套路，如"抛钢叉""牛角叉"等。四是引进传统套路，如"罗汉拳""梅花拳""洪拳""燕青拳""三门拳""连环拳""五虎拳""武松脱铐""一步拳"等，不胜枚举。五是从上古乐府乐舞衍化而来，如"舞剑""舞刀""舞枪""舞棍"等。还有器械表演套路，主要有大刀开四门、枪对枪、大刀对枪、双刀、单刀、大刀对大刀、三级棍、南洋叉、双锤等。表演过程中以锣、鼓、唢呐、磬子等乐器伴奏，以壮声势，吸引观众，营造气氛。

2. 手法较多，腿法动作、跳跃类动作较少的拳路特点

练市船拳突出的特点是手法较多，腿法动作、跳跃类动作较少，这一特点与旧时在船头练习有密切联系。在船拳成形之时，练习者只能在水面漂浮的船上练习，船体空间有限，且稳定性不足，这就造成了练习者没有较大空间去跳跃腾挪。"架低小巧，快速紧凑"是练市船拳最显著的技术特点之一，练习者既要步法稳又要手法轻巧。手法似出非出，似打非打，出招敏捷，收招迅速；在做防御动作时，以手上动作为主，双手不离上下，就像门窗半开不开的样子，以自己身体为轴心，在原地转动。

3. 套路实用，练习方便

练市船拳不但套路实用，而且也比较方便练习。所谓"拳打卧牛之地"，船拳不像别的拳种可以来回往返、跳来跑去地打，练习者几乎就在原地转动，前后左右地攻打，左边有敌左边打、右边有敌右边打，步子十分灵活。它的技术特点表现在步法稳健、刚劲有为，结构严密、躲闪灵活，技术性强，注重马步、半马步转弓步、独立步、里丁步、拖步的练习。

4. "南路船拳"和"北路船拳"两大派系

湖州练市船拳按地理位置分派系，可分为南路船拳与北路船拳。南路船拳起式请手，收式为打虎式，具有步法稳健、身体轻盈、手脚架子小、上

半身肢体动作不开大门而开小门的特点，重要招式讲究的是底盘稳，上身能够灵活地变通招式，快速出招与收回。而北路船拳步架子要比南路船拳大，招式中脚的动作带有震脚，标志性动作为开口腿。北路船拳更注重腿法练习，要求三尖对照，在原地转动时以身体为轴心再转身震脚。

因为船拳具有"习于水斗，便于用舟"的特征，所以演练场地用两条农船拼扎而成。船头用木板铺设拳台，约一丈见方；船舱挑扎彩楼，上扎"鱼跃龙门"，左右为"二龙戏珠"；船身遍插彩旗，顶端有某某村或某某旗号牙边标旗，标旗下"太师椅"分置两旁，两员"骁将"各执竹篙威武地安坐在那里，以防船只在行进中搁浅。中舱为布幔门帘，左右一副对联引人注目：上联是"拳打南山猛虎"，下联是"脚踢北海蛟龙"。左右置威武架，刀枪剑棍，长短兵器，安置有序。舱内有鼓乐手吹打助威。船艄上两支大橹合力摇进，行至村、镇便停船开拳献技。

二、核心基因提取与评价

练市船拳是当地居民为了适应船上的生活,应对各种突发情况,在长期的实践和锻炼中逐渐形成的。船拳套路丰富,拳术和兵器的传统套路两者合起来多达近百种。其核心基因为"神形合一、效法水战、步法稳扎、躲闪灵活的规范特点"。

练市船拳核心文化基因评价依据

评价项目	评价因子	评价依据(特点)	是否
生命力评价	文化基因存续的时间	自出现起延续至今,未曾明显中断	√
		自出现起延续至今,但多次衰微、中断后复兴	
		曾明显衰败,改革开放后开始复活复兴或历史溯源关键环节缺失,难以考证	
		文化形态主体已灭失,现存部分痕迹	
	文化基因的稳定性	在发展过程中保持相当稳定的状态	√
		在发展过程中存在明显的精神内涵、表现形式剧变	
凝聚力评价	文化基因的凝聚力及社会动员效果	曾广泛凝聚起区域群体的力量,显著推动过社会经济文化的发展	√
		曾部分凝聚起区域群体力量,对社会经济文化的发展产生过影响	
		凝聚过力量,创造过实际的发展动能,但未见对社会经济文化发展产生显著改变	
		仅在历史文献或口耳相传中存在,未见实际介入社会经济发展	

续表

评价项目	评价因子	评价依据（特点）	是否
影响力评价	辐射的范围	具有全国性、世界性的影响力	
		具有长三角区域、浙江省影响力	√
		具有市县、乡镇影响力	
	提炼的高度	已经被古代文人士大夫和当代学者提炼为精神符号和理念理论	√
		单纯的样式、造型、工艺技术规范	
发展力评价	与当代精神追求和价值观念的契合	传统文化基因得到创造性转化、创新性发展；区域革命文化基因被完整继承、广泛弘扬；区域社会主义先进文化基因成为与浙江"三个地"相适应的文化高地	
		部分转化、部分弘扬、部分发展	√
		难以转化、难以弘扬、难以发展	

说明：基因特点评价是对解码出来的基因，根据本《导则》表2的要求，围绕"四个力"逐一对表打"√"，进行定性表述

（一）生命力评价

练市船拳是一个历史悠久的地方拳种，与当地的生活环境和生活生产习俗紧紧结合在一起，因此也是当地地域文化的代表。由于船头仅有不到两平方米的地方，打船拳时只能以稳固的下盘控制摇晃的船身，在快速的动作中亦攻亦防。2006年，南浔区练市镇成立了船拳协会，不断培养新人，确保船拳后继有人，具有极强的生命力。

（二）凝聚力评价

练市船拳是浙北清明轧蚕花的主要表演项目，每当清明时节，浙北蚕乡拳船、标杆船、踏白船竞发，十分热闹，尤以含山蚕花节为盛。清明当天，含山附近方圆数十里乃至上百里的

群众来到含山脚下轧蚕花，并观看船拳表演。练市船拳还与其他协会联合举办活动交流船拳文化，切磋技艺，互相学习，也让人们增进了对传统文化的了解，让更多群众领略到传统武术的魅力。

（三）影响力评价

练市船拳主要分布在朱家埭、达井、钟家墩、大虹桥等村，集当地风俗习惯、文化传统、民俗体育项目等为一体。练市船拳是浙江省第三批非物质文化遗产，套路有近百套之多，其中以"五虎拳"为代表，在练市地区传承了数百年。现在的练市船拳已经成为练市镇的一张文化名片，拥有极为广泛的影响力。

（四）发展力评价

练市船拳是江南水乡船拳的分支之一，是湖州地区历史文化的缩影，反映了其独特的地域文化。练市船拳集合了当地的风俗习惯、江南水乡文化，有群众基础，是被练市人民认可并长期传承下来的民俗体育活动，且会出现在庙会节日的庆典活动上，具有良好的发展力。

三、核心基因保存

"神形合一、效法水战、步法稳扎、躲闪灵活的规范特点"是练市船拳的核心文化基因,其实物保存形态为练市船拳表演,此外还有视频资料:《浙江湖州练市船拳》《运河文化的历史印记——练市船拳》。

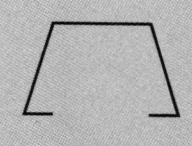

菱湖鱼鲜

浔溪溯源　南浔文化基因

菱湖鱼鲜

菱湖镇地处杭嘉湖平原中部，全镇水域面积近九万亩，属湖州市南浔区管辖，现已成为我国三大淡水鱼养殖基地之一。悠久的养鱼吃鱼历史，使得菱湖的渔文化底蕴十分深厚。据说，中国四大家鱼——青、草、鲢、鳙的人工饲养首创地就在菱湖。菱湖养殖的淡水鱼品种丰富，传统品种有鲢鱼、鳙鱼、草鱼、青鱼、鲫鱼、鳊鱼，新品种有鲈鱼、鳜鱼、黄颡鱼等。菱湖的"鱼市"相当兴旺，清厉鹗在《菱湖》一诗中说："到眼忽成市，千家衮鉴开。鱼多论斗卖，菱好及时栽。"

其实，菱湖镇的名称就与鱼有关，即所谓"湖中菱好鱼自肥"。菱湖鱼鲜以商业交易、参观游览及实地体验作为主要的流播方式，围绕"中国淡水鱼都"定位，菱湖已经形成并且已基本建成"苗种+养殖+加工+休闲"的渔业全产业链，除了拥有"中国淡水鱼都"这块金字招牌外，菱湖还被誉为中国渔文化第一镇和中国生态养鱼第一镇。充分挖掘菱湖鱼鲜的文化基因，有利于实现传统文化的创造性转化和创新性发展。

一、要素分解

（一）物质要素

1. 种类丰富的淡水鱼

菱湖地处太湖南岸，以菱为名，以渔而盛，有"中国淡水鱼之都"之称。菱湖当地的养殖户有着丰富的养鱼经验，鱼类苗种的品质也十分优良，菱湖的淡水鱼类多达上百种，传统鱼类有鲢鱼、鳙鱼、草鱼、青鱼、鲫鱼、鳊鱼等，新品种有鲈鱼、鳜鱼、黄颡鱼等，且产量较大。

2. 得天独厚的养鱼环境

菱湖镇是典型的江南水乡平原，地处太湖南岸，历史悠久，文化积淀深厚，域内漾荡遍布，河道纵横，具备饲养淡水鱼的得天独厚的条件，有着千年的养鱼历史。近年来，菱湖继承发扬桑基鱼塘生态养殖模式，深挖并弘扬传统渔业文化，充分利用"物联网+"等先进科学技术，推广应用"跑道鱼""稻田养鱼"等新式生态养殖模式，进一步促进了渔业养殖产业的发展。

（二）精神要素

1. 因地制宜的观念

菱湖镇属亚热带季风气候，湿润温和，四季分明，春夏常雨，尤以"梅季"为多，是典型的以水稻、蚕桑、淡水鱼养殖为主的三三制农业区，即农业专属经济区——菱湖湖群渔、桑、粮区。域内土壤肥沃，位于长江三角洲冲积平原——杭嘉湖平原的中心，可养殖淡水水产品面积占全镇面积的一半以上。依托地势低洼、易涝等自然资源和条件，发展出闻名全国的淡水养殖业。

2. 人与自然和谐共生的品格

菱湖地区河网密布，菱湖人依旧传承着种桑养鱼的古老习俗，积淀起丰厚的渔桑文化。根据菱湖渔业养殖特点，还成立了渔业专家帮扶指导团队，在帮助引导渔民增产增收的基础上，不断探索高效生态养殖模式，在全省率先探索"跑道鱼"养殖模式，促使渔业发展实现绿富双赢。

3. 热爱生活的情感

水乡菱湖盛产鱼虾，且肉质鲜美，鱼鲜是当地百姓餐桌上特别常见的美食，各种烹调方法也是五花八门，比如蒸、煎、炖等。菱湖人民在繁重的劳作之余，发展出了多种多样的鱼鲜烹制方法，彰显着劳动人民的质朴和勤劳，通过烹制鱼鲜，传递着"富贵有余""吉庆有余""连年有余"的幸福愿望，期盼生活富余，平安健康。

4. 勤劳致富的意愿

在菱湖镇老百姓眼中，漫布的鱼塘、清澈的河水是致富的源泉，渔业产业是菱湖的特色，也是群众致富的主要途径，当地渔民也由原来的靠水吃水"要资源"到现如今上岸转产"优生态"，走出了一条勤劳致富奔小康的新路子。当地还通过开启养殖新模式、探索管理新方式、打通销售新渠道系列举措，着力推动传统渔业赶上数字化浪潮，促进"数字渔业大脑"共建共享，推动渔民共同富裕。

（三）语言与象征符号
琳琅满目的鱼鲜式样

作为鱼米之乡，捕鱼、吃鱼一直是人们生活的中心，菱湖早在唐代就有"水市"之称。市中心鱼巷口是曾经最热闹的鱼市场，这里鱼的种类繁多，白鱼、银鱼、白虾被称为"太湖三白"，湖虾一入锅即曲身弯腰，被称为"弯转"。临河人家只需在窗口喊一声"白鱼一条"或"弯转一斤"，从楼上吊下一只竹篮，起落间就完成了买卖。迎着晨曦而往、披着暮色而回的湖州渔家船承载了太多的艰辛和期盼。菱湖当地的特色美食有一鱼九吃、鲜芡鱼茸、松鼠鱼、秀溪生态鳖、醉鱼、金丝鱼球、葱油核桃鱼卷等，都是以当地水产为主要食材。尤具特色的是：

百鱼宴。百鱼宴突出种类多、变化多、口味多，通过炸、溜、炒、煎、蒸、烩等烹调术，将鱼加工成全鱼、鱼丝、鱼片、鱼丁、鱼条、鱼卷、鱼茸、鱼圆、鱼羹等，刀工精细，色香味俱全，每一道都如同一件精湛的艺术品，在国内外屡获大奖，被誉为"中华烹饪一绝""中华美食之最"。

虾味宴。全宴菜式，共有四冷盘、八热炒、两点心、一汤。菜肴均以菱湖原产河虾为主料，辅以瓜果、时鲜蔬菜，色、香、味俱全。烹饪方法有炒、炸、蒸、熘、煎、烤、焖等，融南北风味于一体，自成一格。

黑鱼二吃。将一条黑鱼的肉劈成鱼片，做成清炒鱼片，再将鱼头、鱼尾、鱼骨等剩余物，加上嫩豆腐，做成鱼汤上桌。这样既能品到鱼片的鲜嫩，又能尝到鱼汤的鲜美，一物两用，也透出了菱湖菜肴的特色，可谓是物尽其用。

二、核心基因提取与评价

菱湖鱼鲜产生于水域自然条件优越、渔业资源丰富的独特资源条件下。丰富的渔业资源、渔民熟练的捕鱼技术使菱湖获得了"中国淡水鱼之都"的美誉，经过全面深入分析菱湖鱼鲜的文化元素，将其核心基因表述为"味道鲜美的口感体验""琳琅满目的鱼鲜式样"。

菱湖鱼鲜核心文化基因评价依据

评价项目	评价因子	评价依据（特点）	是否
生命力评价	文化基因存续的时间	自出现起延续至今，未曾明显中断	√
		自出现起延续至今，但多次衰微、中断后复兴	
		曾明显衰败，改革开放后开始复活复兴或历史溯源关键环节缺失，难以考证	
		文化形态主体已灭失，现存部分痕迹	
	文化基因的稳定性	在发展过程中保持相当稳定的状态	√
		在发展过程中存在明显的精神内涵、表现形式剧变	
凝聚力评价	文化基因的凝聚力及社会动员效果	曾广泛凝聚起区域群体的力量，显著推动过社会经济文化的发展	√
		曾部分凝聚起区域群体力量，对社会经济文化的发展产生过影响	
		凝聚过力量，创造过实际的发展动能，但未见对社会经济文化发展产生显著改变	
		仅在历史文献或口耳相传中存在，未见实际介入社会经济发展	

续表

评价项目	评价因子	评价依据（特点）	是否
影响力评价	辐射的范围	具有全国性、世界性的影响力	√
		具有长三角区域、浙江省影响力	
		具有市县、乡镇影响力	
	提炼的高度	已经被古代文人士大夫和当代学者提炼为精神符号和理念理论	
		单纯的样式、造型、工艺技术规范	√
发展力评价	与当代精神追求和价值观念的契合	传统文化基因得到创造性转化、创新性发展；区域革命文化基因被完整继承、广泛弘扬；区域社会主义先进文化基因成为与浙江"三个地"相适应的文化高地	
		部分转化、部分弘扬、部分发展	√
		难以转化、难以弘扬、难以发展	

说明：基因特点评价是对解码出来的基因，根据本《导则》表2的要求，围绕"四个力"逐一对表打"√"，进行定性表述

（一）生命力评价

菱湖，是典型的江南鱼米之乡和丝绸之府，尤以养鱼出名，位于中国四大淡水鱼养殖基地之一的南浔。据史书记载，战国时菱湖就已有人工畜鱼，汉末开始掘地成荡进行人工养鱼，到明清时，菱湖就已经成了江南一带的养鱼中心。悠久的养鱼吃鱼历史，使得菱湖的渔文化底蕴十分深厚。菱湖以琳琅满目的鱼鲜式样延续至今，未曾明显中断，且在发展过程中相对稳定。不同时代的菱湖人面对不断出现的新情况、新问题，勇于创新，锐意进取，使菱湖的渔文化自出现起延续至今，未曾明显中断，因而具有强大的生命力。

（二）凝聚力评价

菱湖的鱼鲜非常出名，据品尝后的食客叙述，菱湖鱼鲜鲜

美异常，甚至有人说"菱湖的鱼鲜乃天下第一味也"。因此，菱湖周边很多游客专程驱车前往，为的只是到菱湖一尝鱼鲜之美，一饱口腹之欲。菱湖的鱼鲜有三大特色：一是做得精细，味道特好；二是便宜，价格公道；三是品种全，江南的各种淡水鱼在这里都能品尝到。菱湖的鱼市及水产有着相当悠久的历史，"菱角"和"鱼类"是江南物产中两大相互依存的副产品，为当地民生所赖，既凝聚起了当地老百姓谋求经济发展的力量，也吸引着外地游客竞相前往参观品尝。

（三）影响力评价

历代以来，菱湖的鱼市就相当兴旺。菱湖镇是江南典型的水网平原，专属菱湖湖群渔桑粮区湿地，河道纵横交错，湖漾密布成群，池塘星罗棋布，淡水水产资源得天独厚，对发展养鱼业和捕捞业极为有利。加上千余年来总结的桑基鱼塘生态型循环经济和丰富的人工养鱼经验，菱湖成为全国三大淡水商品鱼生产基地之首和全国淡水水产品苗种繁育基地，被命名为水产健康养殖示范区和"中国淡水鱼之都"。荣誉的背后，是这个千年古镇、淡水鱼都从暗淡到再次崛起的历程。

（四）发展力评价

菱湖全镇养殖面积有近9万亩，近一半的农民以养鱼为生。在渔业发展过程中，发展出了别具一格的菱湖鱼鲜特色文化，其具备的琳琅满目的鱼鲜式样彰显着劳动人民的辛勤劳作和聪明才智，渗透着江南水乡的钟灵毓秀和人文精华。菱湖的鱼菜早已闻名遐迩，"到菱湖吃鱼去"已成为湖州、杭州等周边城市食客的一句口头禅。目前当地也在依托鱼都渔创街区的丰富资源，经常性地开展渔业知识普及和渔文化介绍等活动，旨在让千年渔文化根脉永续，发挥物质和精神的双重价值，具备很好的创造性转化、创新性发展前景。

三、核心基因保存

"味道鲜美的口感体验""琳琅满目的鱼鲜式样"是菱湖鱼鲜的核心基因，其保存形态包括菱湖鱼鲜实物及制作方法。在菱湖保存着琳琅满目的菱湖鱼鲜烹饪技法和制作式样，相关文字资料有《菱湖百鱼宴》（赵微坚、侯朝阳主编）。此外，相关视频材料有《中国淡水鱼之都菱湖》。

刘氏嘉宴

浔溪溯源　南浔文化基因

刘氏嘉宴

刘家菜肴根植于丰厚的文化底蕴和坚实的经济基础上，以及"鱼米之乡，文化之邦"的社会环境中，形成了鲜嫩、细腻、醇正、典雅的菜品风格。南浔地处杭嘉湖平原，北滨太湖，东北与苏州吴江区接壤。地方传统菜系接近苏州菜系。刘家在江苏扬州有盐场，设盐业总公司，又吸收了淮扬菜的烹制精华，逐步形成了刘家独特的"嘉"系菜肴。

一、要素分解

（一）物质要素

1. 清新脱俗、书香风味的嘉宴风味

湖州南浔历代以耕桑致富，商贾云集，为江南雄镇。至清代晚期，一大群富商以经营蚕丝生意获利，一时名震江南，富甲天下，民间称"四象八牛七十二墩狗"。其中刘、张、庞、顾四家为当地巨富，人称"四象"。民以食为天。南浔的一代商业奇才，不仅在历史上留下了深深的痕迹，成为南浔人民心中永远的骄傲，在饮食方面也留下了许多有趣的逸事和宝贵的财富。刘镛虽为"四象"之首，却深感家族缺少文化，有财无禄，低人三分，故极力支持族中子弟读书、应试科举，他的几个儿子都得高中，刘镛也因之被恩封为通奉大夫。刘镛还把一个女儿嫁给一品大学士徐甫的儿子，另一个女儿嫁给清学部总务司郎蒋汝藻，使刘氏倍加荣耀，俨然成为南浔头等大户。传至刘承幹，他痴迷藏书，聚书于嘉业藏书楼，这里至今仍是游客必到之处。所以，刘家菜谱以清新为主，于自然中体现出淡淡的书香韵味。

2. 富庶的"浔商"

南浔的"浔商"群体，目光敏锐，思想开放，经营手段先进，涉猎范围广，获利颇丰，富可敌国，为刘家菜肴的发展提

供了坚实的物质基础。

（二）精神要素

1. 目光远大、胸怀开阔、敢闯敢拼、勇于开拓的精神

浔商多以经营蚕丝起家，获利后迅即向文化、医药、金融、饮食、房地产等领域扩展；南浔的商人在近代直接与外商做生意，这些浔商或自任丝通事，或由近亲担任丝通事，直接把产品销往海外。

2. 重视文化，扶持教育

浔商与其他商人的明显区别，还在于他们对文化教育事业的重视和支持。"四象"基本上都是儒商，有扎实的文化基础，且会外文，能与外商沟通交流。其后人也都受到良好的教育和培养，成为国内外知名的文化学者、科技人才、收藏大家等。

3. 投身政治、回报社会的情怀

浔商并不是传统意义上只为盈利、不择手段的商人，而是一群富有家国情怀、热心社会事业的爱国者。许多浔商是同盟会的骨干，有些甚至毁家纾业，资助革命，为推翻满清政府、建立共和国家立下了不朽的功勋。

（三）语言与象征符号

刘氏嘉宴的8道代表性菜肴分别是适溪鳜鱼羹、蟹粉狮子头、南浔蒸鹅、八仙聚浔、辑里鱼饼、忘忧草煨肉、堆金积玉（翡翠蹄筋）、刘家素什锦。

1. 适溪鳜鱼羹

刘承幹在建设藏书楼期间，有很多同行学者、藏书家前来。如当时著名学者杨钟羲为了撰写《雪桥诗话》，来向刘承幹借书，著名藏书家徐行为了抄书，也来到刘家，杨、徐二人一起住在嘉业堂，时间长达数月，膳、宿都由刘承幹负责。一日中午时分，三人无事一起闲聊，杨钟羲谈到湖州，就徐徐道出张志和的《渔歌子》词："西塞山前白鹭飞，桃花流水鳜鱼肥。青箬笠，绿蓑衣，斜风细雨不须归。"徐行马上指着肚子应道："太美了，鳜鱼最鲜，翰怡兄，能否先让它美美。"刘承幹觉得这个提议不错，就接着说："适溪水清，鳜鱼最上乘，我看这道

菜就叫'适溪鳜鱼羹'吧。"于是就安排家厨烹制这道菜。过了几天，家厨把适溪鳜鱼羹端上餐桌时，汤汁与鳜鱼交织在一起的鲜美味，马上就充满了整个餐厅。徐、杨、刘三人赞不绝口。饭后，刘承幹就告诉家厨："此羹很好，保存好这一烹饪技法，若招待贵宾可作为首选。"主要食材：鳜鱼。

2. 蟹粉狮子头

蟹粉狮子头，是淮扬菜中最具代表性的菜肴之一，有千年历史，周总理曾用此菜招待中外贵宾。刘家在江苏扬州、镇江等地有多处盐场，在扬州设盐业总公司。刘锦藻因生意往来，经常驻足在扬州，十分喜爱这道淮扬名菜，并特意嘱咐随从去扬州菜馆厨师那儿打听这道菜的做法。回南浔后，他叫家厨按此做法烹制。淮安有洪泽湖的蟹，南浔有太湖蟹。因此，刘家厨师烹制的这道"蟹粉狮子头"可以与淮扬的不相上下，这道菜也就成了刘家招待重要宾朋和重要节日家宴上的主菜之一。主要食材：河蟹、猪肉、青菜芯。

3. 南浔蒸鹅

湖州南浔镇西南地区，从明万历年间就有养麻鸭、白鹅的习俗，其中白鹅尤为独特，生长周期缓慢，肉质紧致，上锅一蒸香气浓郁，味道醇厚，肉质细嫩弹滑，至今南浔还沿用着此类传统做法。

1905 年，刘锦藻发起成立了浙江铁路公司，投资创办了浙江兴业银行。刘锦藻于光绪二十六年（1900）在杭州建造一别墅，取名"坚匏别墅"，杭州人俗称为"小刘庄"。刘锦藻在杭州工作期间，是下榻坚匏别墅的，每当商务、休闲聚会之时，他总是让厨师把他喜爱的南浔蒸鹅制作好供友人品尝，友人品尝后纷纷赞许其味美。后来，有一次他请浙江铁路公司总经理汤寿潜在坚匏别墅就餐，汤寿潜更是对南浔蒸鹅赞赏有加，称"味美，肉质绝佳"，是他一生中最难忘的美味佳肴。主要食材：三年以上的当地老鹅。

4. 八仙聚浔

八仙聚浔是刘家招待贵宾的一道主菜，是刘家厨师精心烹饪的一道美味佳肴。辛亥革命后，刘承幹寓居上海，大量收购古籍善本，其在上海的"求恕斋"已是汗牛充栋，急需整理。于是他在南浔南西街的"求恕里"邀请当时文化界名流和挚友聚会，商讨建藏书楼和藏书编目等事宜，他们是王国维、郑孝胥、缪荃孙、叶昌炽、罗振玉、沈曾植、张元济。议事毕，刘公子设家宴招待七位宾客。席间端上一道热菜——"八珍坛"。刘公子介绍说："此菜取海八珍四味，草八珍四味，汤由猪爪、火腿、鸡、鸭熬制而成。"

众人品尝后纷纷称赞，有人说："荤而不腻，味中有味。"有人说："软嫩柔润，浓郁荤香。"王国维说："至味呀！至味！但有一遗憾。"刘公子说："什么？"王国维扫了一眼在座几位后说："只是这菜名，今日诸位难得相聚，正好八位，就叫八仙聚浔然否？"众人相视一笑，纷纷点赞许可。刘公子说："静安兄，改得好！妙！妙！"从此，这一佳肴成为刘家招待贵客的一道主菜，并在镇上富户间流传开来。主要食材：黄鱼肚、干贝、蹄筋、猴头菇、银耳、竹荪、羊肚菌、虫草花。

5. 辑里鱼饼

辑里鱼饼是刘家餐桌上的传统菜，也是三吴地区历史悠久的一道佳肴。刘锦藻平时爱吃鱼，餐桌上离不开鱼。府里家厨总是做些鱼片、鱼羹、烩鱼、鱼圆之类的菜肴。一日暇余，刘锦藻在书房翻阅书籍，随手拿起一册魏晋

南北朝时期贾思勰著的《齐民要术》(其书被后人称为中国古典实用百科全书)。他看到鱼的一种新鲜烹制法——鱼加肉做成饼。后来刘锦藻在上海开丝行,其原材料主要从闻名天下的辑里村采购。辑里村不仅有着"辑里湖丝甲天下"的美称,更是因为辑里村的河水清澈、纯甜,孕育着各种河鲜而闻名。刘锦藻想:鱼加羊为鲜,鱼加肉应该也不错。他就用辑里村的各种鱼作为主材,吩咐家厨照《齐民要术》中所记载的方法烹制,端上桌一尝,果然味道不同寻常,满口鲜香,遂取名"辑里鱼饼"。主要食材:鲜鱼末、猪肉末。

6. 忘忧草煨肉

忘忧草煨肉是刘家的家常菜之一,菜名为藏书家刘承幹所取。说起这道菜还有个故事。刘锦藻考中举人后,遵父命开始管理家业。他到扬州、泰州、镇江等地的自家盐场和盐栈巡视一番,在扬州时购得一本清代食谱大观——《调鼎集》。后来刘承幹看到此书甚喜,因他不仅喜欢藏书,也喜欢美食和养生。《调鼎集》中有一个菜叫金针煨肉。金针指的是黄花菜。黄花菜是草八珍之一的古代席上珍品,有"祛湿利水、止渴消烦,开胸开膈"等功效。刘家厨师按刘公子吩嘱烹饪好此菜,刘承幹品尝后觉得别有风味,从此,这道菜就成了刘家的一道家常菜,刘公子认为"金针"不如"忘忧",就改名为"忘忧草煨肉"。主要食材:黄花菜、猪肉。

7. 堆金积玉

堆金积玉,又名翡翠蹄筋,是江南三吴地区的特色传统名菜,是用油发或水发猪蹄筋配绿色蔬菜制作而成的,其口味有韧、软、滑、糯之感,色呈透明黄玉状,汤汁浓稠,味道醇和。清光绪二十年(1894)刘锦藻参加会考,因与南通张謇同榜考中,两人交为好友。一次,刘锦藻前去拜访张謇,张謇得知刘锦藻要来,就马上安排厨师准备了一桌子菜肴,在酒桌上他们一边吃一边聊。当得知刘锦藻是为了垦牧公司经营的事情而来,张謇马上指着翡翠蹄筋这道菜说:"这道菜是你的家乡菜,你想要发财,就必须像烧这道菜一样,以蹄筋为主,以时令蔬菜为辅,爆烧(捆绑一起)即可。"刘锦藻吃上一口后马上意会,第二天他就安排公司按照股份制方式办理,自己为大股东,其余人为若干小股东,引进西方先进的农业技术,不仅使垦牧公司蒸蒸日上，而且对当时农牧生产的发展起到了一定的示范与推动作用。翡翠蹄筋也就自然跟随刘锦藻来到刘家的餐桌上。主要食材：猪蹄筋、各种时令蔬菜。

8. 刘家素什锦

刘家素什锦是刘家特色的素菜，也是一道色香味俱全的经典菜肴，通常用八种素菜炒制而成，并取"和顺长久"寓意，祈愿刘家"千秋万代、代代兴旺"。刘镛祖籍是绍兴上虞，祖父早年来到南浔打工，随后在南浔定居下来。刘镛在南浔出生后，每逢春节，由于远离家乡，思乡之情油然而生，祖父就按照上虞老家的传统饮食习俗，在年三十晚上做一道素什锦给刘镛守夜时吃，年年如此，直到他事业有成，素什锦就成为刘家年三十晚上固定要上的一道菜，时间久后，就改为"刘家素什锦"。后来，南浔地方人家纷纷效仿，此菜一直流传至今。主要食材：黄豆芽、芹菜、胡萝卜、黄花菜、香菇、菠菜、腐皮、香干。

二、核心基因提取与评价

通过纵横对比和综合评价，提取出的刘氏嘉宴核心文化基因有两个：一是"清新脱俗、书香风味的嘉宴风味"，二是"敢闯敢拼、胸怀开阔、重视文化、回报社会的情怀"。

刘氏嘉宴核心文化基因评价依据

评价项目	评价因子	评价依据（特点）	是否
生命力评价	文化基因存续的时间	自出现起延续至今，未曾明显中断	√
		自出现起延续至今，但多次衰微、中断后复兴	
		曾明显衰败，改革开放后开始复活复兴或历史溯源关键环节缺失，难以考证	
		文化形态主体已灭失，现存部分痕迹	
	文化基因的稳定性	在发展过程中保持相当稳定的状态	√
		在发展过程中存在明显的精神内涵、表现形式剧变	
凝聚力评价	文化基因的凝聚力及社会动员效果	曾广泛凝聚起区域群体的力量，显著推动过社会经济文化的发展	√
		曾部分凝聚起区域群体力量，对社会经济文化的发展产生过影响	
		凝聚过力量，创造过实际的发展动能，但未见对社会经济文化发展产生显著改变	
		仅在历史文献或口耳相传中存在，未见实际介入社会经济发展	

续表

评价项目	评价因子	评价依据（特点）	是否
影响力评价	辐射的范围	具有全国性、世界性的影响力	
		具有长三角区域、浙江省影响力	
		具有市县、乡镇影响力	√
	提炼的高度	已经被古代文人士大夫和当代学者提炼为精神符号和理念理论	
		单纯的样式、造型、工艺技术规范	√
发展力评价	与当代精神追求和价值观念的契合	传统文化基因得到创造性转化、创新性发展；区域革命文化基因被完整继承、广泛弘扬；区域社会主义先进文化基因成为与浙江"三个地"相适应的文化高地	
		部分转化、部分弘扬、部分发展	√
		难以转化、难以弘扬、难以发展	
说明：基因特点评价是对解码出来的基因，根据本《导则》表2的要求，围绕"四个力"逐一对表打"√"，进行定性表述			

（一）生命力评价

刘氏嘉宴核心基因有着较强的生命力。自开创起，刘氏嘉宴以"清新脱俗、书香风味"延续至今，未曾明显中断，且在发展过程中相对稳定。不同时代的人们面对不断出现的新情况、新问题，勇于创新，锐意进取，这种敢闯敢拼、胸怀开阔、重视文化、回报社会的情怀自出现起延续至今，未曾明显中断。

（二）凝聚力评价

历史上，浔商成为近代中国最大的丝商群体。南浔的浔商群体，目光敏锐，思想开放，经营手段先进，涉猎范围广，获利丰厚，富可敌国。这些都与刘氏嘉宴的核心基因"清新脱俗、书香风味的嘉宴风味""敢闯敢拼、胸怀开阔、重视文化、回报社会的情怀"密不可分，显示了刘氏嘉宴核心基因较强的凝聚力。

（三）影响力评价

刘氏嘉宴因核心文化基因"清新脱俗、书香风味的嘉宴风味"而深受广大美食爱好者的喜爱。因核心文化基因"敢闯敢拼、胸怀开阔、重视文化、回报社会的情怀"而不断改良美食的制作，精益求精。

（四）发展力评价

"敢闯敢拼、胸怀开阔、重视文化、回报社会"契合当代精神追求，是当代中国人民崇尚追求的与时俱进的时代精神，能够被广泛地弘扬。"清新脱俗、书香风味的嘉宴风味"是刘氏嘉宴的核心竞争力，是美食优良品质的基础。核心文化基因具备较好的文旅产品创新性转化前景。

三、核心基因保存

刘氏嘉宴制作技艺的传承人是施庆生,他在25岁时(1934年)受陈果夫聘用,进入朱五楼家掌厨,当时他就用老母鸡吊汤做菜肴(当时不用味精),吃他做的菜肴能品出鸡汤之鲜,村里人都称他为"鸡骨头"庆生,因他做菜是用一指沾汤汁尝鲜,故也被当地人称为"一指鲜"。图文资料:南浔本土菜系发展参考了汪曰桢写的《湖雅》一书,《湖雅》共9卷,第8卷专讲烹饪。

中西合璧建筑群

浔溪溯源　南浔文化基因

中西合璧建筑群

南浔自明清以来以其经济之强、文化之盛而称雄江南，素有"湖丝之源、鱼米之乡、文化之邦、园林之镇"的称号。目前古镇内仍保存着比较丰富的历史文化遗产和较为完整的成片历史街区，文脉肌理表现为多元文化，包括江南水乡文化、儒家文化和海派文化。这里有鹧鸪溪畔的小莲庄、千古绝唱的藏书楼、三雕辉映的张石铭旧居、美轮美奂的西洋楼、鳞次栉比的百间楼、江南最大的丝业会馆等，堪称江南水乡景观一绝。南浔建筑精美，中西合璧，是无与伦比的"江南大宅门"。一批具有18世纪巴洛克建筑风格的宅第、技艺精湛的法式玻璃雕、印象派的欧式地砖、耀眼闪光的科林斯铁柱、温馨雅致的意大利壁炉也出现在飞甍雕梁的古镇建筑群中。至今，张石铭故居、南浔张氏旧宅建筑群、小莲庄、刘氏梯号等中西合璧的建筑仍是令人称奇的景观。

一、要素分解

（一）物质要素

1. 得天独厚的地理位置

南浔古镇地处杭嘉湖平原北部，荻塘河穿境而过，密布的水网带来了交通的便利。历史上因水成街、因水成市、因水成镇。自然条件的优越、经济与文化的活跃，使其发展成为具有居住、经营和生产等多种功能的城镇。

2. 空前繁荣的经济

据史料载，南浔辑里湖丝始于明代万历至天启年间。乡人借气候地理之宜，不断经营发展，至1848年，当时中国出口生丝以浙江湖州府为最多，南浔则是湖州府最大的生丝集散市场。因距上海较近，河道运输较为便利，在通商口岸经济的影响下，南浔在19世纪末呈现了空前的繁荣。至同治年间，辑里湖丝外销进入全盛期，每年出口14300多包。以"四象八牛七十二墩狗"为代表的南浔商人群体逐渐形成，出现了近代中国最大的丝商集团。

3. 保存完好的中西合璧建筑群

伴随着辑里湖丝的大量出口和近代丝业的兴起，南浔丝商积累了大量资本，同时又较早地接受了西方文化。南浔的富商巨贾在此期间大兴土木，东西方文化的交融在城镇建筑上得到了充分体现。部分宅院外部呈现出传统的院墙特征,内部的部分建筑呈现出典型的西式风格,如刘氏梯号、求恕里等;懿德堂(张石铭旧居)等建筑采用众多的砖雕、石雕和法国刻花玻璃、地砖以及舞池、壁炉、科林斯铁柱等,系欧洲18世纪建筑风格;小莲庄东升阁则是一幢寓于中式园林内的法式楼房,外部造型及内部装饰将中国塔式建筑与欧式建筑融为一体。会馆等公共建筑则在建筑装饰、院墙、门窗等方面受到西式建筑的影响,呈现出中西融合的特征,并显现于城镇街市,如丝业会馆、南浔商会等。教堂等建筑则以西式风格为主,建筑细部上融入了部分中国传统建筑的特点,如耶稣教堂、天主教堂等。南浔中西合璧的建筑艺术形式在所有江南水乡古镇中是独树一帜的。

(二)精神要素

1."开明、开放、开拓"的南浔精神

庞大的丝商群体,中西合璧的大宅门,在江南是独树一帜的,在全国亦是罕见的。南浔古镇的崛起与鼎盛得近代中国对外开放风气之先,南浔儒商们以他们"开明、开放、开拓"的文化气度,融会中西,造就出不一样的南浔。

2.灿若星辰的名人文化

南浔是"文化之邦""院士之乡"。早在明代,南浔镇就有"九里三阁老,十里两尚书"之说。近现代南浔名人群体崛起的现象更为世人所瞩目,如辛亥革命元勋张静江、体育教育家徐一冰、西泠印社发起人之一的文物鉴赏家张钧衡(字石铭)、著名作家徐迟、中国导弹驱逐舰之父潘镜芙、"两弹一星"元勋屠守锷、新中国飞机设计第一人徐舜寿等,大家如林,笔不胜书。

3.博大精深的藏书文化

南浔古镇历史上私家藏书楼和藏书家所藏古籍版本数量多,珍本富,质量高,名噪江浙,在全国也有相当的影响。清代乾隆年间,南浔人刘桐的眠琴山馆与石冢村严元照的芳茮(椒的古字)堂同时称名于世。清末民初,吴兴一地有四座藏书楼,其中三座在南浔,即蒋汝藻的密韵楼、张石铭的适园六宜阁和刘承幹的嘉业堂。现存的嘉业堂,因宣统帝御赐"钦若嘉业"九龙金匾而得名,鼎盛时藏书约60万卷,其中有不少海内孤本、珍本,它

与宁波天一阁遥遥相对，是浙东、浙北的两大文化宝库。

（三）制度要素
1.水网密布的城镇格局
密布的水网为南浔古镇带来了便利的交通，因水成街、因水成市、因水成镇。古镇以水路为脉络，外环内绕，历史街区、传统民居都临水而建，历史上有"小镇千家抱水园，南浔贾客舟中市"的记述。这里小桥流水和历史街区、传统民居融为一体，古老的石拱桥，整齐的石驳岸，夹河的小街水巷，依水的民居，粉墙黛瓦的建筑色彩，以及水上往来的船只，呈现出一派江南水乡特色风光，形成一幅精致的水上人家图画。

2."等级子群""并列子群""链结子群"的空间构成
南浔古镇空间包括街坊、宅院、巷道、河街、水兜、水埠、桥等多种物质要素，这些物质要素按特定的排列组合关系，构成古镇的空间形态，即"等级子群""并列子群""链结子群"。

（四）语言与象征符号

1. 张石铭故居

张石铭故居位于湖州市南浔镇，是江南巨富、南浔四象之一张颂贤之孙张钧衡（字石铭）所建。整个大宅由典型的江南传统建筑格局和法国文艺复兴时期的西欧建筑群组成，两种建筑风格相互融通，巧妙结合，反映了主人在19世纪末与西方在经济、文化、艺术中的联系与沟通。张石铭故居又名懿德堂，前临古浔溪，占地面积6500平方米，建筑面积7000平方米，该建筑系江南罕见的基本保持明清历史旧貌的豪门巨宅之一，是一座中西合璧式楼群的经典建筑。

建筑共有五进，前进院为二合院，第二、三进院为三合院。前进院有轿厅，面阔四间，和轿厅相连的是一座砖雕如意门楼，门额刻有吴昌硕所书"世德作求"。门楼四周雕有"群仙祝寿"等图案，采用镂刻手法雕刻，层次分明，极富立体感。与门楼相对的是正厅懿德堂，匾额系张謇所书。其面阔三间，高大宽敞，厅后有屏门，需要时可全部打开。二进一厅二厢，称"小姐楼"，亦称"女厅"，楼上供女眷居住，楼下为女主人接待理事之用。砖雕门楼，有吴淦书匾额"竹苞松茂"四字，楼厅装修极为精致，扇窗装有法国进口的彩色花玻璃，以蓝色为主。玻璃上的图案包括花卉、瓜果等。第三进厢房粉墙上嵌有硬木漏明窗，雕有芭蕉叶图案，故称芭蕉厅。该厅平时为家人休闲品茶聚谈之处。天井中有一傲立似鹰的英德石，称"鹰石"或"英石"，为江南罕见的石中珍品。第四进的大厅是一个设有更衣间、化妆间的豪华舞厅，地砖及油画均从法国进口，墙面屋顶由红色砖瓦砌筑。从壁炉、玻璃刻花到科林斯铁柱等，均体现欧洲18世纪建筑风格。楼前有一天井，栽有两棵广玉兰，树龄已有200多年。旧宅各进两边有避弄（也称备弄），前后贯通。既作通风之用，也为安全通道，民间称太平通道。第五进为后花园、碑廊。碑廊中共镶嵌自东晋王羲之至清代何焯等数十位我国书坛名

家墨宝碑刻共87方。

张石铭旧宅蕴含着丰富的历史和建筑文化，建筑以明清传统建筑为主，兼有欧式建筑风格，是一座中西合璧的经典之作，具有很高的艺术欣赏和建筑文化价值。其建筑规模之大，装修豪华和经典在江南一带实属罕见，故有史学家称之为"江南第一名宅"。大宅气势宏伟，富丽堂皇，风格独特，可称江南最大的具有中西建筑风格的私家民宅。其风格奇特、结构恢宏、工艺精湛，被称为"江南第一民宅"。2001年，南浔张氏旧宅建筑群被公布为全国重点文物保护单位。

2. 小莲庄

小莲庄，也被称为刘园，是清代光禄大夫刘镛的私家花园和家庙，也是南浔五大名园之一，被列为全国重点文物保护单位。

小莲庄始建于1885年，经过40年的建设，由刘镛的孙子刘承幹在1924年建成。园林分为外园和内园两部分，加上家庙和义庄，占地面积达27亩（合1.8万平方米）。园林的命名源于对元代书画家赵孟頫所建的莲花庄的景仰。外园有一个扇形的亭子，其设计精巧，内壁嵌有《刘氏义庄记略》石刻，记述了刘氏家庙、园内亭、刘氏私塾、义庄的兴建过程。内园位于东南角，由太湖石垒成的假山是其主体，以"园中园"著称。假山上种有松树和枫树，山顶有一个名为"放鹤亭"的小亭。

家庙位于外园以西，门前有两座御赐牌坊，分别为"乐善好施"坊和"钦旌节孝"坊，体现了皇帝对刘氏家族的嘉奖。家庙结构由三进组成，即门厅、过厅、正厅。家庙的后院是一个幽雅的园林，其中的馨德堂也被称为"走马楼"，展示着精致的装饰和博古纹饰。

义庄位于家庙西侧，于1922年建成，起初是为了刘氏家族的祭祀、赈济、助学等而建。它与著名的嘉业藏书楼相邻。

小莲庄内有各种名贵植物，包括百年琼花树、柏树、木瓜树、古藤和不同种类的桂花、蜡梅等。

3. 刘氏梯号

刘氏梯号，也称为崇德堂，俗称"红房子"，是南浔富商刘镛第三子刘梯青的私宅，属于中西式建筑群。刘氏梯号将中式建筑风格与西方建筑艺术巧妙地结合在一起，以独特的建筑风格和深厚的文化底蕴而闻名。

该建筑群始建于清光绪三十一年至三十四年（1905—1908），北部利用了原庄允诚宅故址。2013年，湖州丝业会馆、丝商建筑（刘氏梯号）作为大运河的组成部分，被公布为第七批全国重点文物保护单位。从外观上看，刘氏梯号是典型的江南水乡建筑风格，但内部则融合了欧洲建筑元素，这反映了南浔古镇的时尚追求和开放胸怀。

刘氏梯号是南浔"四象"之首富刘镛家族的产业，代表了当时南浔热衷于采纳西洋文化的趋势。整个建筑由南、中、北三部分组成，南、北部中式建筑融入了西欧罗马式建筑元素，而徽派的封火山墙和石库门内则体现了欧洲洛可可风格。

刘氏梯号不仅是中西建筑风格文化的展示，还记录了南浔"四象"的财富文化和清朝文字狱的历史。这座建筑目前是游人热衷的打卡地，游客可以一窥中国近代建筑风格的转变和当时社会文化的发展。

二、核心基因提取与评价

通过纵横对比和综合评价，提取出的南浔古镇中西合璧建筑群核心文化基因有两个：一是"'等级子群''并列子群''链结子群'的空间构成"；二是"'开明、开放、开拓'的南浔精神"。

中西合璧建筑群核心文化基因评价依据

评价项目	评价因子	评价依据（特点）	是否
生命力评价	文化基因存续的时间	自出现起延续至今，未曾明显中断	√
		自出现起延续至今，但多次衰微、中断后复兴	
		曾明显衰败，改革开放后开始复活复兴或历史溯源关键环节缺失，难以考证	
		文化形态主体已灭失，现存部分痕迹	
	文化基因的稳定性	在发展过程中保持相当稳定的状态	√
		在发展过程中存在明显的精神内涵、表现形式剧变	
凝聚力评价	文化基因的凝聚力及社会动员效果	曾广泛凝聚起区域群体的力量，显著推动过社会经济文化的发展	√
		曾部分凝聚起区域群体力量，对社会经济文化的发展产生过影响	
		凝聚过力量，创造过实际的发展动能，但未见对社会经济文化发展产生显著改变	
		仅在历史文献或口耳相传中存在，未见实际介入社会经济发展	

续表

评价项目	评价因子	评价依据（特点）	是否
影响力评价	辐射的范围	具有全国性、世界性的影响力	√
		具有长三角区域、浙江省影响力	
		具有市县、乡镇影响力	
	提炼的高度	已经被古代文人士大夫和当代学者提炼为精神符号和理念理论	
		单纯的样式、造型、工艺技术规范	√
发展力评价	与当代精神追求和价值观念的契合	传统文化基因得到创造性转化、创新性发展；区域革命文化基因被完整继承、广泛弘扬；区域社会主义先进文化基因成为与浙江"三个地"相适应的文化高地	
		部分转化、部分弘扬、部分发展	√
		难以转化、难以弘扬、难以发展	

说明：基因特点评价是对解码出来的基因，根据本《导则》表2的要求，围绕"四个力"逐一对表打"√"，进行定性表述

（一）生命力评价

南浔古镇中西合璧建筑群核心基因有着较强的生命力。南浔古镇几百年来，以其"等级子群""并列子群""链结子群"的空间构成，延续至今，未曾明显中断，且在发展过程中保持稳定。随着时代的发展，面对不断出现的新问题，南浔人凭借着"开明、开放、开拓"的南浔精神锐意进取，自出现起延续至今，未曾明显中断。

（二）凝聚力评价

南浔古镇中西合璧建筑群核心基因"等级子群""并列子群""链结子群"的空间构成和"开明、开放、开拓"的南浔精神密不可分，显示了南浔古镇中西合璧建筑群核心基因较强的凝聚力。

（三）影响力评价

南浔古镇中西合璧建筑群核心基因"等级子群""并列子群""链结子群"的空间构成深受中外游客的喜爱。每逢节假日，总能吸引广大的游客前来观赏、拍摄。因为核心文化基因"开明、开放、开拓"的南浔精神，在古今中外产生了巨大的影响，打开上海商埠的发展史，许多丝行、钱庄、银行、码头、房地产、证券交易都由南浔人创始。

（四）发展力评价

"开明、开放、开拓"的南浔精神契合当代精神追求，是当代中国人民崇尚追求的与时俱进的时代精神，能够被广泛地弘扬。"等级子群""并列子群""链结子群"的空间构成是古镇中西合璧建筑群的核心竞争力。核心文化基因"开明、开放、开拓"的南浔精神和"等级子群""并列子群""链结子群"的空间构成具备较好的文旅产品创新性转化前景。

三、核心基因保存

实物保存：南浔古镇景区占地面积34.27平方千米，东界至宜园遗址东侧，西界至永安街，南界至嘉业藏书楼及小莲庄，北界至百间楼。古镇以南市河、东市河、西市河、宝善河构成的十字河为骨架，其间又有许多河流纵横交错，街道和民居沿河分布，以南东街、南西街为串联，构成了"十"字形格局，街巷肌理完整，河道水系基本保存。十字河两岸形成商业街道，既有傍水筑房、沿河成街的江南水乡小镇风貌，又有众多高品质的私家大宅第和江南园林，形成了小桥流水人家与大宅园林交相辉映的街区特色。视频资料：央视三套《文化大百科》南浔古镇（2014年12月27日）、央视四套《记住乡愁》第三季南浔古镇（2017年1月9日）等。图文资料：《江南大宅——南浔遗韵》（浙江摄影出版社2006年版）等。

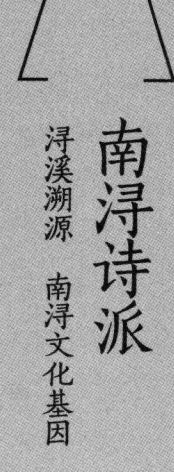

南浔诗派

浔溪溯源 南浔文化基因

南浔诗派

明清时期，湖州地区诗派繁盛，其中南浔诗派影响较大，历史也非常悠久。南浔诗派以董斯张、董说、董樵和董耒祖孙三代为代表人物，其他重要成员还包括董份、董嗣成、董汉策等。在明末董氏家族变迁和明清鼎革的家国剧变过程中，董氏家族的主要支系依然保持着诗文创作的内在动力和自身特色。该诗派是南浔历史文脉的重要一支，不仅是当今南浔人寻根的重要入口，也是提振南浔文化自信的重要依据，其蕴藏的文化基因具备良好的创造性转化、创新性发展前景。

一、要素分解

（一）物质要素

1. 持久的名望优势

南浔董氏家族累世官宦，科第不绝，在湖州地区有一定的政治地位。据《董氏诗萃》所述，董氏先世在宋代因忤蔡京，遂由淮南迁至乌程梅林里，元末董氏八世孙董仁寿入赘南浔沈氏，遂为南浔大家。明代礼部尚书董份因鱼肉乡里、强夺民田，招致民变，致使家道开始衰落。到晚清以后，南浔董家衰微，代之而起的是南浔刘氏家族。刘氏家族在刘镛一代，成为"南浔四象"之首，家中财富数以万计，当真是富可敌国。而刘镛的次子刘锦藻，不仅是商业巨擘，还是湖州近代诗坛上的著名诗人，可以说是南浔诗派的传承人。

2. 浓郁的诗创氛围

南浔的诗歌兴起于元，繁荣于明中叶，极盛于清乾隆、嘉庆年间。最大的诗歌望族当推董氏，其人才之盛，超乎想象。董家自董说开始，后代子侄晚辈中，多有著名的诗人，比如董樵、董耒、董熜、董浩、董思（原名灵预）等，他们的诗各有特色，在当时都有一定的影响力，董氏阖门几乎人皆能诗，人各有集。因此，远近文人纷纷来附，如清代诗人范锴有赞颂南浔诗派之言："群从风流奏雅音，一门诗派著南浔。"

3. 优渥的经济环境

自宋以来,湖州境内的頔塘两岸,逐步形成了一些经济繁荣、文化发达、人才辈出的市镇,其中以晟舍镇、南浔镇为典型代表。进入民国后,頔塘上更是轮船不断,如《重建吴兴城东頔塘记》中即记载:"轮船则经年累月,昼夜不分。"可以说,頔塘沟通内外,将南浔与大运河紧紧地绑在了一起,更为南浔的经济发展增添了浓墨重彩的一笔。方文《南浔叹》一诗中是这样描写南浔的:"南浔一村当一县,财货云屯商贾便。中间巨富者谁子?拥资百万人所羡。"清朝时,南浔拥有中国最大的丝绸商人群体,南北生丝往来其间,无数财富滚滚而来,后来还赢得了"湖州一个城,不及南浔半个镇"的美誉。

(二)精神要素
1. 同情农民的情感

董说《筑石塘》一诗云:

筑石塘,新军来,筑塘未毕府帖催。府帖下乡吏打门,南村灶冷行西村,西村十家无一存。破屋无门仅梁柱,传道新军三日屯。吏索空村遇樵父,樵父言卿报府主。五月不打插秧鼓,眼中良田半荒土,筑塘摄役添冤苦。君莫苦,君不见塘岸油衣点簿书,朝朝狼藉黄梅雨。

全诗以白描手法和质朴通俗的语言,记述了官吏强迫农民筑石塘所带来的灾难,描绘出一幅空村萧索、良田荒芜、农村破败的悲惨图景,真实、生动、感人,表达了诗人对农民的深切同情。

再如董灵预描写农民疾苦的诗作:

望雨心殊切,郊原日日晴。
无云留一线,有梦到三更。
敢冀滂沱足,难期霡霂轻。
农人相叹息,辛苦桔槔声。

2. 浓厚的爱国情绪

南浔文化发达、诗人辈出,自南宋以来,有不少爱国事迹流传。明末清初,南浔爱国诗人有陈忱、黄周星、董说等。陈忱"读书晦藏""贫病孤老",隐居乡间,当地知者甚少,黄周星则晚年寓居南海。唯董氏家族,形成南浔诗派。随后刘锦藻继之,其诗歌极具爱国主义情怀。他有理想、有抱负,想为国出力但又壮志难酬;

他胸怀祖国,践行"人生百岁会有死,重或泰山轻鸿毛"的态度,忧国忧民,令人佩服。比如,他在知道《辛丑条约》签订时痛苦地写道:"漫言梁敦化兵戈,貂传星驰诏议和。虎视鹰瞵方弱食,雀罗鼠掘奈颓波。筹边竟说珠崖弃,互市纷来赤岭多。日暮新亭正愁绝,不堪举目感山河。"此诗首联便讽刺清廷向帝国主义乞和,颔联和颈联描绘了帝国主义对中国土地的觊觎,清政府内外交困,不禁令诗人无比忧伤。诗中所体现的忧国忧民情怀,令人佩服。

(三)制度要素

1. "由宋入唐,以'淡'为宗"的诗学主张

自明代"七子"倡导"诗必盛唐"的诗学主张以来,复古末流的拟古弊端逐渐显现,公安派、竟陵派先后起而矫之。至明末清初,虞山钱谦益将诗学视野扩大到宋元,转益多师、兼采唐宋,成为诗坛共识。顺治初至康熙中二三十年间,宋诗逐渐抬头。浙派黄宗羲、吴之振起而倡之,以宋诗矫"七子""宗唐"之弊遂成诗坛大势。在这样的时代背景下,董说提出了另一条诗学路径,以调和唐宋之争,即由两宋而深入唐格,回归"诗之三宗"。

清康熙十二年(1673),董说为释荫在《香谷集》作序,提出了自己的诗学主张。

首先,他托言复古,提出"诗之三宗",即以淡为宗,以大为宗,以诚为宗。董说的目的是上溯风雅,所谓"淡""大""诚"三宗,即《诗经》之"风""雅""颂"。

其次,董说认为唐人是继承了《诗经》的风雅传统的。他说:"夫古昔论诗,宪章唐人者。唐人有其淡,唐人有其大,唐人有其诚。夫淡者,非谓其划其采也;夫大者,非谓其弃其琐也;夫诚者,非谓其拈出其本也。"董说的这段话是有的放矢的,所谓"宪章唐人者"即七子派复古者。董说对唐诗的理解显然是另起炉灶的,他不厌其烦地阐释自己的诗学概念。"夫周秦已后,开文章顶门之眼,而能以诗为史者,惟西汉司马迁《史记》一书。夫《史记》行文之淡之难知也。以此思淡,诗之淡得矣。周秦已前,辟文章广大之门,能以诗为子者,惟《南华》。夫文章大,莫大于《南华》。以此思大,诗之大得矣。夫周秦已前上而至于劫

初,至于历劫之先,周秦已后下而尽未来际,有一句子,圣亦不道,凡亦不道,定亦不道,乱亦不道,佛亦不道,魔亦不道。以此思诚,诗之诚得矣。"他指出,"淡"不是辞藻上泯灭华采,而是在创作中像《史记》的行文一样将构思技巧消磨于无形,只见血肉而不见筋骨;"大"不是放弃日常细小题材,而是要像《庄子》一样无所不包;"诚"也不是直接表达意旨,而是要深入古今,上下思索,最后发出肺腑之言。其融合唐宋之意,非常明了。

最后,董说将视野转移到两宋,认为梅尧臣、范成大、叶适等诗人可称为"诗宗"。"故北宋以梅宛陵为诗宗,而宛陵深入唐格,绝非滔滔世人所奉持以为唐格者也。南宋范石湖、叶水心诸名士盛言唐诗,而石湖、水心之首吐弃者,即滔滔世人所奉持为唐诗者也。故曰诗宗。……不知诗宗,而浪言诗,则必以无味为淡,天下摹唐诗而为诗之木者,胜矣;则必以无戚为大,天下摹唐诗而为诗之壳者,胜矣;则必以无藏用为诚,天下摹唐诗而为诗之滓者,胜矣。……苦欲表示'诗之三宗'于天下后世,冀诗之可复于古也。"董说将自己之言与世人之言对举,这里的世人显然是兼指七子派与竟陵派的。世人不知诗宗,认为枯燥无味就是"淡",认为不关注私人情感就是"大",认为直抒胸臆就是"诚",这是不得唐诗要领的。最后得到的只是"诗之木""诗之壳""诗之滓"而已,并没有真正理解"唐格",也就不能真正"复于古"。在此,董说提出了不同于"七子"的"复古"路径,他将宋诗纳入视野,期待以宋诗为跳板而深入唐格,至于风雅。

考虑到当时的历史语境,由宋而唐而归"风""雅""颂"三宗只是其提出诗学主张的话语策略,董说诗论的核心并不在"唐格",而是以"淡"为宗,这是对宋诗审美风格的独特体悟。董说的可贵之处正在于超越宗唐黜宋和扬宋抑唐的表面之争,指出无论唐宋都是接续风雅、上溯《诗经》的,从而提高了宋诗的地位。

2. 长幼相传的教育机制

特别是明清之际,从董斯张到其子董说,其孙董樵、董耒,再到曾孙辈的董颖佳、董士骥等,董氏家族长幼间诗艺传承,各成员间相互唱和,形成了一个稳定的董氏诗人群落。

（四）语言和象征符号

古朴的江南图景

董思写南浔农村的景色是"桑柘成阴四月天，绕堤莲叶正田田"（《初夏村居》），写南浔水上风光是"艇子飞行独占先，布帆高挂隔江烟"（《归棹浔溪南风大作舟若驰喜赋二绝》）。刘锦藻也有很多诗歌描写了南浔的风土气息，有一首《春晚信步》写道："雨绽新秧绿，风吹大麦黄。平芜浮野色，古树漏斜阳。布谷村村唤，缫丝户户忙。经郑无异术，大利只农桑。"诗中突出了南浔丝绸大镇的特色。

二、核心基因提取与评价

基于对南浔诗派材料全面、深入的分析,得出南浔诗派蕴含的可以转化成文旅产品的核心基因:"古朴的江南图景"。

南浔诗派核心文化基因评价依据

评价项目	评价因子	评价依据(特点)	是否
生命力评价	文化基因存续的时间	自出现起延续至今,未曾明显中断	√
		自出现起延续至今,但多次衰微、中断后复兴	
		曾明显衰败,改革开放后开始复活复兴或历史溯源关键环节缺失,难以考证	
		文化形态主体已灭失,现存部分痕迹	
	文化基因的稳定性	在发展过程中保持相当稳定的状态	√
		在发展过程中存在明显的精神内涵、表现形式剧变	
凝聚力评价	文化基因的凝聚力及社会动员效果	曾广泛凝聚起区域群体的力量,显著推动过社会经济文化的发展	√
		曾部分凝聚起区域群体力量,对社会经济文化的发展产生过影响	
		凝聚过力量,创造过实际的发展动能,但未见对社会经济文化发展产生显著改变	
		仅在历史文献或口耳相传中存在,未见实际介入社会经济发展	
影响力评价	辐射的范围	具有全国性、世界性的影响力	√
		具有长三角区域、浙江省影响力	
		具有市县、乡镇影响力	

续表

评价项目	评价因子	评价依据（特点）	是否
影响力评价	提炼的高度	已经被古代文人士大夫和当代学者提炼为精神符号和理念理论	√
		单纯的样式、造型、工艺技术规范	
发展力评价	与当代精神追求和价值观念的契合	传统文化基因得到创造性转化、创新性发展；区域革命文化基因被完整继承、广泛弘扬；区域社会主义先进文化基因成为与浙江"三个地"相适应的文化高地	√
		部分转化、部分弘扬、部分发展	
		难以转化、难以弘扬、难以发展	

说明：基因特点评价是对解码出来的基因，根据本《导则》表2的要求，围绕"四个力"逐一对表打"√"，进行定性表述

（一）生命力评价

南浔诗派之所以能发展壮大，人才辈出，与董氏家族的兴盛发展是分不开的，因为家族的兴盛可以在当地带来一定的社会声望和地位，后来虽然家道略有衰微，但是子弟出仕一直不断。再有，就是董家文学素养较好，诗人辈出，可谓书香门第。

（二）凝聚力评价

董家自董说开始，后代子侄晚辈中，多有著名的诗人，比如董樵、董耒、董熜、董浩、董思等。董氏以家族凝聚力促进了地方文化凝聚力的形成，其他家族亦有类似的凝聚作用。

（三）影响力评价

在清代湖州诗坛上，涌现了许多颇有影响力的诗人，其中时间最长、影响力最大的，则是南浔诗派。当湖州南浔富甲一方的时候，很多大商人选择让子弟读书，雄厚的财力带来良好的教育资源，所以南浔出现了很多官员，有"九里三阁老，十

里两尚书"的说法。

（四）发展力评价

"古朴的江南图景"是南浔诗派可以转化利用的核心要素，将这一核心要素进行情景化呈现，是对南浔地域文化的一种极好诠释，具备很好的创造性转化、创新性发展前景。

三、核心基因保存

"古朴的江南图景"核心文化基因,文字资料有《浔溪诗征》(浙江古籍出版社 2020 年版)、《清代湖州"南浔诗派"试探》(《湖州师专学报》1991 年第 1 期)、《明清南浔诗派探析——以董氏家族为中心》(《泰山学院学报》2017 年第 1 期)等。

三道茶

浔溪溯源　南浔文化基因

三道茶

南浔三道茶，俗称"南浔三碗茶"，是南浔当地的一种民俗文化，现在南浔镇上茶馆的数量也非常多，总数达到了一百家以上，如此规模可见南浔的茶文化已经非常繁荣。在当地居民的日常生活中，茶文化的影子随处可见，茶文化是真实存在

且又历史悠久的。

　　江南地区农家待客素有自制饮用茶的习惯，南浔三道茶，顾名思义，有三种茶，都是江南当地的传统特产，古时候是专门用来招待贵客的，是太湖传统风味中的一绝。现在还有许多地区保持着这种待客习俗，许多农家还用此三道茶作为招待"毛脚女婿"首次登门的礼仪。"毛脚女婿"在喝了甜蜜的锅糍茶、咸味的熏豆茶和清淡的绿茶这三杯茶以后，就算过了丈母娘家的第一关。春节时，几乎每家每户都爱将三道茶作为在正月招待亲朋好友的首选饮品，不管是大人还是小孩子去别人家串门，主人家一定会用三道茶来招待客人。

一、要素分解

（一）物质要素
独特的地理优势

自北宋起，就有对南浔"商贾云集，屋宇林立"的记载。清代汪曰桢《南浔镇志》载："阛阓鳞次，烟火万家，苕水流碧，舟航辐辏，虽吴兴之东鄙，实江浙之雄镇。"南浔水系发达，交通便捷，这也使得来自五湖四海的商客通过航运往来南浔。

（二）精神要素
热情好客的当地氛围

"南浔三道茶"习俗，主要源于自古以来南浔镇老百姓好客的民风民情和发展较早的商业经济。便捷的水路交通给南浔带来了发达的商贸，带来了不同地方的商旅。流水般的客人往来于南浔，当地老百姓古道热肠，考虑到客人旅途劳累，便选取常见的材料，进行精制加工，做成解渴果腹的茶饮。经过时代发展，逐渐演变成为逢年过节待客和"毛脚女婿"第一次登门时饮用三道茶的茶俗。

(三) 制度要素
独特的制作技艺和品茶流程

南浔地区茶文化历史悠长，清同治《南浔镇志》记载："雾后积水烹茶，甚香洌，可久藏。"每当有客人来时，主人便会以"三道茶"习俗待客。

客人进门的第一道茶：甜茶，又称风枵茶或风枵汤。之所以叫甜茶，是因为在其制作过程中加了糖。主要材料是糯米锅糍，在杯中冲上开水，加上白糖，就成了一杯美味的甜茶了。它香甜可口，口感糯滑，讲究的人家会在这道茶中加一些腌制的桂花，口味就更加的浓郁。在当地，若被主人请喝上一杯香甜的锅糍茶，那是一定要喝的，它代表了主人的尊重和敬意。当地人民将糯米作为主料放入茶中，可见人们在几千年的劳动中累积了丰富独特的饮茶文化。

第二道茶叫咸茶，当地人民也称之为熏豆茶。熏豆作为南浔当地的传统美食，是南浔的传统特产。如果有机会来到南浔一定要品尝一下熏豆茶。熏豆茶以熏豆为主材，再加上一些特定的食材，这些食材包括胡萝卜干、橘子皮，还有绿茶和芝麻等。讲究的人家还会加入一些豆干和青橄榄、笋尖等，以丰富口感层次。

关于这道熏豆茶还有一个美丽的传说。话说大禹当年遣防风氏到南浔治水，防风氏治水非常辛苦，每天起早贪黑，人们看到防风氏辛苦，便给防风氏泡茶水喝。泡茶的人粗心把熏豆打翻，落到茶水中，防风氏喝后，却好像身上有了神力似的，很快就将水治好了。后来这段故事就传为佳话，以此来解释熏豆茶的功效，此茶不仅可以提神醒脑，还可以振奋精神，功效可见一斑。据记载，当地的百姓对熏豆茶情有独钟，每到节日，当地居民会用熏豆茶配上各种食物和酒水来祭祀，这一习俗传承至今。

最后一道茶叫作清茶，口味十分清淡素雅。清茶在当地大多是用西湖龙井泡制而成的，也有不少当地农家用手工炒制的茶来泡。清茶又称绿茶，绿茶在民间的受欢迎程度是有目共睹的，它不仅生津止渴，还健脾开胃，长期饮用对人们的身体是十分有益的。

宾主在这三道茶的时间里，边聊边饮，将主人的热情与客人的愉悦融入茶中，三道茶毕，贵客美食入腹，口有余香。据《南浔镇志》记载，每年农历十二月十二日和清明蚕花节，农家就用熏豆茶、蚕花圆子和南浔家酒祭祀，南浔人民对熏豆茶有着特别嗜好，从古至今习俗不改。南浔三道茶发展至今，在南浔镇及周边地区都有很大的影响力，已成为家家户户都有的传统待客习俗，对于南浔地区的旅游发展有极高的价值，对于江南地区民风民俗的保护和传承也具有相当大的作用。

一般喝完第一道茶需要一刻钟，第二道茶在二十分钟到半小时，第三道茶根据客人停留的时间长短随意安排。宾主在这段时间里，嘘寒问暖、谈天说地，建立起浓浓的情意，也让宾客感受到南浔深厚的人文关怀。

二、核心基因提取与评价

通过纵横对比和综合评价，提取出的三道茶核心文化基因有两个：一是"'甜、咸、苦、香'的茶韵文化"，二是"热情好客的南浔民风"。

三道茶核心文化基因评价依据

评价项目	评价因子	评价依据（特点）	是否
生命力评价	文化基因存续的时间	自出现起延续至今，未曾明显中断	√
		自出现起延续至今，但多次衰微、中断后复兴	
		曾明显衰败，改革开放后开始复活复兴或历史溯源关键环节缺失，难以考证	
		文化形态主体已灭失，现存部分痕迹	
	文化基因的稳定性	在发展过程中保持相当稳定的状态	√
		在发展过程中存在明显的精神内涵、表现形式剧变	
凝聚力评价	文化基因的凝聚力及社会动员效果	曾广泛凝聚起区域群体的力量，显著推动过社会经济文化的发展	√
		曾部分凝聚起区域群体力量，对社会经济文化的发展产生过影响	
		凝聚过力量，创造过实际的发展动能，但未见对社会经济文化发展产生显著改变	
		仅在历史文献或口耳相传中存在，未见实际介入社会经济发展	

续表

评价项目	评价因子	评价依据（特点）	是否
影响力评价	辐射的范围	具有全国性、世界性的影响力	
		具有长三角区域、浙江省影响力	
		具有市县、乡镇影响力	√
	提炼的高度	已经被古代文人士大夫和当代学者提炼为精神符号和理念理论	
		单纯的样式、造型、工艺技术规范	√
发展力评价	与当代精神追求和价值观念的契合	传统文化基因得到创造性转化、创新性发展；区域革命文化基因被完整继承、广泛弘扬；区域社会主义先进文化基因成为与浙江"三个地"相适应的文化高地	
		部分转化、部分弘扬、部分发展	√
		难以转化、难以弘扬、难以发展	

说明：基因特点评价是对解码出来的基因，根据本《导则》表2的要求，围绕"四个力"逐一对表打"√"，进行定性表述

（一）生命力评价

三道茶的核心基因有着较强的生命力。三道茶以"甜、咸、苦、香"的茶韵文化延续至今，未曾明显中断，且在发展过程中相对稳定。随着时代的变迁，它的发展出现了许多新的变化、情况、问题，但是当地人们热情好客的民风一直延续至今，未曾明显中断。

（二）凝聚力评价

历史上，南浔因发达的水系、便捷的交通，飞速发展，一度成为当时的江南雄镇。经过百年的传承创新发展，三道茶从当地的民俗发展成为助推社会经济发展的产业链的一环。这些都与三道茶核心基因"'甜、咸、苦、香'的茶韵文化"和"热

情好客的南浔民风"密不可分，显示了三道茶核心基因较强的凝聚力。

（三）影响力评价

三道茶因核心文化基因"'甜、咸、苦、香'的茶韵文化"和"热情好客的南浔民风"而受到许多游客的喜爱。随着社会科技不断发展，三道茶的制作技艺也得到改良，由以前的手工制作向现在的机器化制作发展，由以前的家庭式作坊向现在的企业化生产发展。

（四）发展力评价

"热情好客的南浔民风"契合当代精神追求，是传承与发展的有机结合，被当下广泛弘扬。"'甜、咸、苦、香'的茶韵文化"是三道茶的核心竞争力，是三道茶品质的基础。核心文化基因"'甜、咸、苦、香'的茶韵文化"和"热情好客的南浔民风"具备较好的文旅产品创新性转化前景。

三、核心基因保存

省级非物质文化遗产"三道茶民俗"的传承人是王一士。三道茶手工制作的核心步骤和流程经多个媒体和地方政府拍摄保存,部分视频资料有《食在南浔:今日是非常正经的三道茶啊》(2019年8月3日)、广东卫视《古色古香中国味》第九集南浔"三碗茶"(2018年8月20日)等。

桑基鱼塘

浔溪溯源 南浔文化基因

桑基鱼塘

桑基鱼塘是植桑养蚕同池塘养鱼相结合的一种综合经营方式，将低洼湿地深挖变成水塘，挖出的塘泥堆积成堤坝，基上种桑，以桑叶喂蚕，塘中养鱼，以蚕沙、蚕蛹饲鱼，鱼类粪便可肥田育桑。这一循环系统，取得了"两利俱全，十倍禾稼"的经济效益。桑基鱼塘是中国长三角和珠三角地区水乡人民在土地高效利用方面的一种创造，也是中华传统生态农业的一块瑰宝。桑基鱼塘系统既能合理利用水利和土地资源，又能高效统筹动植物进行生产，生态价值和经济价值"双高"，获得了世界瞩目。

湖州桑基鱼塘生产系统有四个子系统：桑蚕生态系统、蚕鱼生态系统、鱼塘生态系统、塘基生态系统。这四个系统之间相互联动、共同作用。这套系统不仅使苕溪的水资源和洼地得到了合理应用，而且解决了汛期西苕溪和东苕溪带来的洪水及夏季干旱等灾害。太湖南岸地区也因此成为高产、旱涝保收的富庶之地。

湖州南浔的桑基鱼塘，起源于春秋战国时期，至今已有2500多年历史，其核心保护区分布在南浔区菱湖镇、和孚镇，现存有6万亩桑地和15万亩鱼塘，其中连片原生态的传统桑基鱼塘有5000余亩，是中国传统桑基鱼塘系统最集中、面积最大、保留最完整的区域，这些特点使其堪称中国传统桑基鱼塘系统的典范，也是世界传统循环生态农业的典范。近年来，"桑基鱼塘"已逐渐成为南浔区乡村生态旅游的重要品牌，吸引着越来越多的游客前来参观。

作为江南水乡典型的桑基鱼塘生态农业景观，其蕴含着丰富多彩的蚕桑文化，有利于传统文化的创造性转化和创新性发展。

一、要素分解

（一）物质要素

1. 得天独厚的自然生态环境

湖州地处太湖南岸，长江三角洲腹地，主要境域是河流冲击平原发展而成。境内三分之二的土地是平原和洼地，六分之一为山地丘陵，六分之一为水域。地势总体是西高东低，西部山区多，从西南向东北倾斜。东部平原水网众多，主要河流有西苕溪、东苕溪、下游塘、双林塘、泗安塘等，河湖面积总计达500平方千米，是一座典型的水城。京杭大运河与东、西苕溪一起构成了水网的骨架形态，沿太湖南岸分布有56条溇港，这些溇港承担了水利调节任务，保护湖州免遭洪涝灾害。

气候方面，湖州地处北亚热带，雨热同期，降水量较大，空气湿度也较高。由于太湖排水不畅，降雨时，太湖水位每日可以上涨1至10厘米，大暴雨时，太湖水位每日可以上涨20至30厘米。如此的地理条件使得湖州长久以来就有来自太湖和西南山区的洪涝隐患。为了能和谐地与水共生，人们建造了大规模的水利系统，发展出了依附于这种水利系统的农田和聚落体系。桑基鱼塘系统也应运而生。

2. 桑蚕鱼的有机组合

南浔桑基鱼塘系统为人们提供了大量生态安全、优质的淡水鱼类，桑叶茶、桑叶粉、桑葚及相关加工产品，蚕蛹、蚕丝蛋白食品及相关加工产品。其主要特点有：一是种桑与养蚕、养鱼相结合，生产上有紧密的联系；二是植物与动物互养，形成良性的生态循环；三是塘和基的比例为六比四（或七比三），六分为塘，四分为基，塘与基合理分布，水陆资源相结合。

（二）精神要素

1. 和谐共生、天人合一的观念

南浔桑基鱼塘系统区域属于一个低洼地，到了雨季，西面天目山山脉的大量山洪水通过东苕溪和西苕溪进入本地洼地区域，由于当时区域内河道不甚畅通，故经常发生洪涝灾害，无法种植水稻，因而发展出桑基鱼塘系统，在有效克服水涝、收到理想经济效益的同时减少了环境污染，形成了桑地和池塘相连相倚的优美生态农业景观。根据时节的变化统筹安排农事活动，正是桑基鱼塘生产习俗产生发展的核心。

2. 勤劳奋进、精耕细作的品格

南浔人依靠特有的土壤和水质，因地制宜地将低洼渍水地就势深挖成塘，将所挖泥土堆放在鱼塘四周筑为基，在塘中养鱼，在基上种桑，用桑叶育蚕、蚕沙喂鱼、塘泥肥桑，形成"桑茂—蚕壮—鱼大—泥肥"的良性循环生产模式，赢得了粮食、蚕桑和渔业的丰收，也有效地保护了生态环境，做到了人与自然的和谐共处，用自己的勤劳在小小的鱼塘里摸索出延续千年的智慧。

3. 仁民爱物、取之有度的朴素情感

在传统湖州南浔桑基鱼塘生态系统中，养蚕过程中多余的蛹和蚕沙作为鱼塘养鱼的饲料，鱼塘肥厚的底淤泥被挖运到四周塘基上作为育桑肥料，桑基土壤中多余的营养元素随着雨水冲刷又流入鱼塘，故系统中多余营养物质和废弃物周而复始地在系统内进行循环利用，没有给系统外的环境造成污染，基本实现了"零"污染，对鱼塘外生物进行了有效的保护，充分体现了仁民爱物、取之有度的情感。

4. 尊重自然、顺应自然的心理意愿

湖州南浔桑基鱼塘系统是南浔先民顺应自然、治水兴农的智慧结晶，这里的劳动人民通过修筑"五里七里一纵浦（溇港），七里十里为一横塘"的溇港水利工程排涝防洪、引水灌溉，

将地势低下、常年积水的洼地挖深变成鱼塘,挖出的塘泥则堆放在水塘的四周作为塘基,逐步演变成为"塘基上种桑、桑叶喂蚕、蚕沙养鱼、鱼粪肥塘、塘泥壅桑"、对生态环境基本零污染的典型农耕生态循环系统。

(三)制度要素

1. 桑基鱼塘的外在形态与功能组织

水利景观系统、农业景观系统、聚落景观系统叠加构成了桑基鱼塘的外在形态与功能组织。水利景观即用于水利资源高效调配的景观系统,包括溇港–河道–堤围–湖漾构成的系统;农业景观包括鱼塘生产与基地农业,包括与人类农作相关的农田、林地景观农业系统;聚落景观即物质层面的聚落景观,包括聚落选址、街巷形态、建筑布局等,以及非物质层面的民俗文化。

2. 系统完整的生产流程

当地村民根据时节变化统筹安排农事活动,正月、二月管理桑树,放养鱼苗;三月、四月为桑树施肥;五月养蚕六月卖,蚕蛹用来喂鱼;七月、八月鱼塘清淤,用塘泥培固塘基;年底几个月进行除草、喂鱼、捕鱼、卖鱼。放眼望去,鱼塘桑树密布,水光潋滟、阡陌相连,渔民们日出养鱼喂蚕、日落点灯织布,一派鱼跃人欢的丰收景象。

(四)语言与象征符号

1. 水网多级交织,水资源调配高效

水网格局是河流冲击与人类开挖共同作用的结果。南浔大部分地区在历史上是低洼易积水地区,溇港的建设与堤围的修筑,逐步形成了河道、溇港、鱼塘系统。这种系统呈现出独特的景观肌理,而且土地也被划分成层级明确的区域,鱼塘就串联在河网之上,形成类树状结构。这样由水系承担"血管"功能,鱼塘和圩田承担"细胞"功能,众多要素组成了循环系统。这一循环系统呈现出独特的大地景观。

①对水资源的高效利用。当地居

民孕育了雨洪管理的智慧。桑基鱼塘水利排灌系统可以实现蓄水分洪作用：当气候干旱时，发达的水网系统可以迅速调度河湖水进行农田灌溉；当洪水来临时，利用湖-塘-漾系统分散多余洪流，消杀水势。同时，将疏浚河道时挖掘的塘泥堆高塘基，既加强了桑基鱼塘土壤的肥力，又加强了系统防洪能力。因此，桑基鱼塘的水网系统堪称水利资源高效利用的典范。

②水利系统的多层级净化效应。在桑基鱼塘系统中，水流作为媒介，传递着物质和能量。上一个系统产生的剩余物质马上流入下一环节，无缝衔接，环环相扣。作为一种人工多层复合生态系统，水网扮演着连接各个系统的"血管"的角色。种桑养蚕系统、鱼塘立体养殖系统、鱼塘桑基系统等均靠水网进行连接。系统内部自行消化营养元素和废弃物，层层净化，对其他水系不造成污染，从而保持区域内水域良好的生态环境。

③水利设施作为保障。河闸系统作为屏障，人们能够借助河闸系统控制堤内外水文状况的变化，调控整个系统的排灌进程与水旱状况。而以泵机为代表的水利设施有效提高了鱼塘系统的排水效率，因为湖州地区水网密布，洪涝季节圩田内外水位相差无几，仅仅依靠自流排涝是不够的。

2. 生态群落多样，土地利用高效

桑基鱼塘系统是一套完整的物质

信息、能量循环系统。基塘农业作为最传统、最高效的农业生产模式，对于塘基比例的配置及水土要求都非常严格。只有鱼塘斑块与基地廊道遵循严格的比例，才可以实现可持续发展。二者一起构成了大地景观的组成单元，单元之间也实现相互联动，物质交换。这就是人类发挥的交换作用。当前许多地区的桑基鱼塘丧失平衡，其主要原因就是基塘比例的失调，导致物质流动不畅或物质过剩并排入自然。因此，总结这一农业循环模式的特征显得更有价值。

食物链原理形成物质闭环，人工参与的循环系统使能量高效利用。桑树－蚕－鱼－微生物之间形成食物链。它们之间互生互养、相互作用。桑树制造有机物桑叶，桑叶被消费者蚕吃掉，能量也随之传递。蚕食用桑叶后排出的蚕沙以及蚕蛹等放到鱼池中作为鱼的饲料，这些都是系统中的物质循环。传播到鱼塘系统后，这些能量被鱼吸收，再随着鱼的排泄物排到水内，能量又转化为氮磷钾等无机物混入塘泥，随着塘泥堆放到堤围上，无机物转移，再一次被利用。因此构成了闭环循环系统。

植物－动物双系统构成稳定的复合生境，边缘生态价值突出。鱼塘具有抗洪防旱、滞洪排涝、涵养水源、吸纳地表径流、补充地下水、调节小气候等多重生态功能，堤围水体交接地带形成类似湿地的独特环境，也为众多生物提供了繁殖、栖息的生境，因此桑基鱼塘是名副其实的湿地农业生态景观，达到了较为稳定的生境结构。尤其是水陆交接处的堤塘生态，作为承接堤岸植物系统与塘内鱼类系统的关键，生态效益尤为突出。

3. 聚落布局得当，环境建筑融合共生

桑基鱼塘系统对于聚落布局体系的影响体现在社区聚落形态、聚落选址和建筑造型方面。聚落选址重点在与农业的结合方面，为了防止洪水侵袭，大型聚落一般选址在河道边或堤围边，既可以促进社会交流，也方便了商业发展；出于交通、管理的需要，中型聚落往往在桑田中央、鱼塘周边布置，这样的布局可方便对于农业的管理，随时应对突发状况。另外聚落还有沿高地分布或散点分布的，这些一般规模较小，形态特征不明显。大多数聚落的空间形态也和周围的基塘在形态上产生关系，聚落交通系统与基塘的基围连接在一起，空间上具备高度连续性；聚落内部常常有围合的小空间，作为晒场或者交流活动场地；部分街巷空间宽度不定，呈现特有水乡特色。

聚落建筑一般也和环境要素发生一定关系，例如祠堂、亭子常处于河边或路旁等开放空间，一些居民建筑则位于较为私密的空间，聚落内部保留有大量的河道水塘、菜地等，方便居民生活。很多聚落的名称如荻港、河东、山塘、沈家埭等，都反映出聚落与水的关系。

4. 历史人文兴盛，呈现多样文化景观

基于独特的地理人文条件、桑基鱼塘生产模式，湖州形成了诸多文化遗产。桑基鱼塘积淀着区域社会发展的历史，记录着丰富的地方文化信息，保存了独特的景观文化。同时，在水土的利用、改造方面，也诞生了许多生产技术、传统工艺。

湖州桑基鱼塘景观的发展以生丝经济贸易为导向，较为务实，传统文化大多数与养蚕生活有关且传承了养蚕的经验。类似"拜蚕神""轧蚕花""望蚕讯""谢蚕花"等传承已久，并且有一套固定的祭拜方法。采桑诗歌例如《扫蚕花地》《马鸣王送龙蚕》等代代相传。还有蚕花戏、渔家乐等表演艺术形式。此外，基于捕鱼业的发展，也有如"祭水神""拜鱼市""发荡"等活动。关于蚕桑和丝织的民间文艺亦有较大发展，文化现象较为独特，由此衍生的民俗文化也自有湖州的特色。

湖州作为历史悠久的蚕桑产区，有着多项与桑蚕业相关的技艺传承，如蚕桑丝织技艺、双林绫绢织造技艺等，在宣传蚕桑文化中发挥了良好的示范作用。以辑里湖丝为代表的缫丝技艺，从选茧—搭丝灶—烧水—煮茧—捞丝头—缠丝窠—绕丝轴—炭火烘丝等一系列工序，需要反复20多次才能完成，此项技艺入选了国家级非物质文化遗产名录。

二、核心基因提取与评价

南浔桑基鱼塘的生产习俗,历史悠久,其独有的"塘基上种桑、桑叶喂蚕、蚕沙养鱼、鱼粪肥塘、塘泥壅桑"的桑基鱼塘生态模式,形成了种桑养蚕和养鱼相辅相成、桑地和池塘相连相倚的优美桑基鱼塘生态农业景观及丰富多彩的蚕桑文化和鱼文化。其核心基因为"'桑蚕鱼有机组合'的管理模式""'和谐共生、天人合一'的观念"。

桑基鱼塘核心文化基因评价依据

评价项目	评价因子	评价依据(特点)	是否
生命力评价	文化基因存续的时间	自出现起延续至今,未曾明显中断	√
		自出现起延续至今,但多次衰微、中断后复兴	
		曾明显衰败,改革开放后开始复活复兴或历史溯源关键环节缺失,难以考证	
		文化形态主体已灭失,现存部分痕迹	
	文化基因的稳定性	在发展过程中保持相当稳定的状态	√
		在发展过程中存在明显的精神内涵、表现形式剧变	
凝聚力评价	文化基因的凝聚力及社会动员效果	曾广泛凝聚起区域群体的力量,显著推动过社会经济文化的发展	√
		曾部分凝聚起区域群体力量,对社会经济文化的发展产生过影响	
		凝聚过力量,创造过实际的发展动能,但未见对社会经济文化发展产生显著改变	
		仅在历史文献或口耳相传中存在,未见实际介入社会经济发展	

续表

评价项目	评价因子	评价依据（特点）	是否
影响力评价	辐射的范围	具有全国性、世界性的影响力	√
		具有长三角区域、浙江省影响力	
		具有市县、乡镇影响力	
	提炼的高度	已经被古代文人士大夫和当代学者提炼为精神符号和理念理论	
		单纯的样式、造型、工艺技术规范	√
发展力评价	与当代精神追求和价值观念的契合	传统文化基因得到创造性转化、创新性发展；区域革命文化基因被完整继承、广泛弘扬；区域社会主义先进文化基因成为与浙江"三个地"相适应的文化高地	
		部分转化、部分弘扬、部分发展	√
		难以转化、难以弘扬、难以发展	

说明：基因特点评价是对解码出来的基因，根据本《导则》表2的要求，围绕"四个力"逐一对表打"√"，进行定性表述

（一）生命力评价

桑基鱼塘是湖州人民利用自然、改造自然的传世杰作。这一系统具有2500多年历史，至今仍能发挥生产作用，其"塘基上种桑、桑叶喂蚕、蚕沙养鱼、鱼粪肥塘、塘泥壅桑"生态循环的农耕模式在国际上得到认可。1992年，"浙江湖州桑基鱼塘系统"被联合国教科文组织嘉奖，予以高度评价。2014年，"浙江湖州桑基鱼塘系统"被列为"中国重要农业文化遗产"。2017年，"浙江湖州桑基鱼塘系统"在罗马通过联合国粮农组织（FAO）评审，被正式认定为全球重要农业文化遗产（GIAHS）。拥有悠久历史的桑基鱼塘系统，正逐步走向世界，展示中国的传统智慧，具有极强的生命力。

（二）凝聚力评价

该区域内劳动人民发展了桑基鱼塘生态模式，最终形成了

种桑养蚕和养鱼相辅相成、桑地和池塘相连相倚的江南水乡典型的桑基鱼塘生态农业景观，并形成了丰富多彩的蚕桑文化。

（三）影响力评价

桑基鱼塘是为充分利用土地而创造的一种挖深鱼塘、垫高基田、塘基植桑、池中养鱼、池埂种桑的综合养殖方式，对保护周边的生态环境、促进经济的可持续发展，发挥了重要的作用。南浔有近6万亩桑地和近15万亩鱼塘，其中连片原生态的传统桑基鱼塘有5000余亩，被联合国教科文组织和粮农组织誉为我国唯一保留最完整的传统生态种养业模式，拥有广泛的影响力。

（四）发展力评价

桑基鱼塘生产习俗形成了种桑养蚕和养鱼相辅相成、桑地和池塘相连相倚的优美桑基鱼塘生态农业景观及丰富多彩的蚕桑文化和鱼文化。其中蕴含着"'桑蚕鱼有机组合'的管理模式+'和谐共生、天人合一'的观念"，描绘了一幅桑茂、蚕盛、鱼旺的水乡美景，具备很好的旅游产品创造性转化前景。

三、核心基因保存

"'桑蚕鱼有机组合'的管理模式+'和谐共生、天人合一'的观念"是桑基鱼塘生产习俗的核心文化基因,其实物保存形态为湖州桑基鱼塘系统,此外还有文字资料和视频资料,文字资料为《浙江湖州桑基鱼塘系统》(中国农业出版社2017年版),视频资料有《浙江湖州桑基鱼塘系统》《南浔区桑基鱼塘系统》。

双林绫绢

浔溪溯源　南浔文化基因

双林绫绢

双林绫绢生产历史源远流长，早在东晋时期，吴兴太守王献之以白练书写，有"王献之书羊欣白练裙，练即绢也"的记载。绫绢用纯桑蚕丝织就，是绫与绢的合称，有"凤羽"之美称，"花者为绫，素者为绢"，绫主要用于装裱书画，绢主要用于代纸书写绘画。双林镇生产的绫绢，素以轻如蝉翼、薄如晨雾、质地柔软、色泽光亮著称，被誉为"丝织工艺之花"。在现代，双林绫绢以参观展示、商业买卖、国礼赠送等作为流播方式，在海内外声誉卓著。北京荣宝斋、上海朵云轩、苏州民间工艺厂、杭州西泠印社都极力推崇双林绫绢的工艺。北京荣宝斋称赞湖州花绫花色新颖、图案大方,很适宜装裱历史人物。双林绫绢织造技艺是国家级非物质文化遗产,被列入第一批国家传统工艺振兴目录。声誉卓著的湖州双林镇绫绢是我国丝织文化的重要组成部分,其织造技艺一直延续至今,有利于传统文化的创造性转化和创新性发展。

一、要素分解

（一）物质要素

1. 纯桑蚕丝作为材料

双林绫绢被誉为"东方丝织工艺之花"，享誉海内外。要织制出优秀的绫绢，必须要用纯桑蚕丝，在缫丝工艺上注重"细"和"匀"，缫丝工具应用当时最先进的脚踏丝车，所缫的丝"富于拉力、丝身柔润、色泽洁白"，比土丝多挂两枚铜钿而不断。

2. 宜于养蚕的自然环境

双林地处杭嘉湖水网地带，历来盛产蚕桑，缫丝业相当发达。绫绢系用纯桑蚕丝制作而成，原料丰富且质量上乘。历史上，绫绢系双林一带农村家庭手工业的主要产品。

3. 多种多样的制作工具

从挑花到提花，双林绫绢有着多种多样的生产制作工具，如原始腰机、双轴织机、踏板斜织机，踏板立机、踏板卧机、单动式双综双蹑机、互动式双综双蹑机、多综式提花机、竹编

花本式提花机、中亚纬锦织机、束综提花机、罗机、绒织机等。

（二）精神要素

1. 精制细密的观念

双林镇襟山带水，气候湿润，历来盛产蚕桑，缫丝业和生产绫绢的家庭手工业十分发达，并创造性地发展出绫绢制品，它的主要特征是把自然（天然）性桑蚕丝，通过精细复杂的工艺加工成"薄如蝉翼，轻似晨雾"的绫绢。

2. 精工善艺的品格

绫织物在唐代进入全盛时期，由于它巧妙地运用不同斜纹纺织，互相衬托出花纹，使花形若隐若现，著名诗人白居易曾有"异彩奇文相隐映，转侧看花花不定"的诗句予以高度赞美。从唐代起，双林绫绢被列为贡品，并远销日本等国。

3. 精益求精的情感

双林绫绢厂历代工人们一直坚持使用上等纯桑蚕丝织造成双林绫绢，桑蚕丝制成的绫绢轻薄柔软，色泽艳丽。上等纯桑蚕丝不添加任何其他的材料，完全采自原始的桑蚕丝，摸上去细腻、光滑，正是因为如此，做出来的绫绢也更加柔软。

（三）制度要素

严密精湛的生产流程

目前，湖州双林仍保存着传统的绫绢制造工艺，其工艺流程包括浸泡、翻丝、整经、络丝、并丝、放纡、织造、炼染、批床、砑光、检验整理等20余道工序。

浸泡。将白蚕丝浸泡在加有乳白色柔软剂的漆石缸中（现多为不锈钢缸），完全浸泡一个小时左右，待柔软剂被丝完全吸收后，再将变清澈的水放掉，随后在阴凉处晾干。阴干的蚕丝在织造时柔软，富有弹性，不易断头，达到松、软、滑、爽的感觉。

整经。整经时采用分条整经车，经向由翻丝、整经两部分组成。将已卷绕在筒子上的丝线按绫绢品种的规格要求卷绕在整经车大圆框上，然后退卷到经轴上供织造之用。退卷时应注意张力。

络丝。老法采用手工络，将六角竹签中间一孔插入长约50厘米的木棒（前细后粗），其中15厘米左右插入六角竹签中，将六角竹签固定在木棒上。将四根光滑小竹头用木板固定四个角,大小正好将丝片绷挺,放在地上。人坐在凳子上,单根丝从四根竹头外面拉出来,将丝头绕在竹签上,熟练地操作将竹签棒高速转动,并将丝绕在六角竹签上。根据产品的规格和要求,在并丝车上将几根丝线合并成一股线。并丝是绫绢生产的要求。

放纡。把已并好的丝卷卷绕到纡管上以供织造使用,老手法是在纺纬后,用手将卷绕于竹签上的纬丝浸湿后,用纺车绕于纡管上。

(四)语言与象征符号

1. 种类繁多的式样

绫为斜纹或斜纹变化组织的提花织物,绢为平纹素织物,形象地概括了绫绢的视觉艺术特色。双林绫绢在继承传统的基础上有了进一步的发展,品种有轻花绫、重花绫、加重花绫、阔花绫、双色花绫、阔锦绫、双色锦绫、画绢、耿绢、矾绢、宋锦、工艺绝缘纺等10多种。

2. 吉祥喜庆的图案

双林绫绢花型有支鹤、双凤、锦龙、带子凤、冰梅、竹菊、环花、绕枝花、古币、寿团、福禄寿喜、麒麟传书、龙凤呈祥等,色泽有浅米色、浅绿、青灰、浅灰、深灰、肉色、浅非、古铜、茶绿、磁青、浅仿古等色,共有70多种花型、色泽。各种各样的绫绢,犹如盛开的鲜花,争艳斗妍,美不胜收,可谓"天上取样人间织,染作江南春水色"。

二、核心基因提取与评价

在中国传统的丝织品——绫、罗、绸、缎中,绫绢居于首位,浙江湖州双林镇出产的绫绢,是传统丝织品中的珍品。通过分析双林绫绢的文化元素,将其核心基因概括为"轻似晨雾、薄如蝉翼、质地柔软、色泽光亮的特质"。

双林绫绢核心文化基因评价依据

评价项目	评价因子	评价依据(特点)	是否
生命力评价	文化基因存续的时间	自出现起延续至今,未曾明显中断	√
		自出现起延续至今,但多次衰微、中断后复兴	
		曾明显衰败,改革开放后开始复活复兴或历史溯源关键环节缺失,难以考证	
		文化形态主体已灭失,现存部分痕迹	
	文化基因的稳定性	在发展过程中保持相当稳定的状态	√
		在发展过程中存在明显的精神内涵、表现形式剧变	
凝聚力评价	文化基因的凝聚力及社会动员效果	曾广泛凝聚起区域群体的力量,显著推动过社会经济文化的发展	√
		曾部分凝聚起区域群体力量,对社会经济文化的发展产生过影响	
		凝聚过力量,创造过实际的发展动能,但未见对社会经济文化发展产生显著改变	
		仅在历史文献或口耳相传中存在,未见实际介入社会经济发展	

续表

评价项目	评价因子	评价依据（特点）	是否
影响力评价	辐射的范围	具有全国性、世界性的影响力	√
		具有长三角区域、浙江省影响力	
		具有市县、乡镇影响力	
	提炼的高度	已经被古代文人士大夫和当代学者提炼为精神符号和理念理论	
		单纯的样式、造型、工艺技术规范	√
发展力评价	与当代精神追求和价值观念的契合	传统文化基因得到创造性转化、创新性发展；区域革命文化基因被完整继承、广泛弘扬；区域社会主义先进文化基因成为与浙江"三个地"相适应的文化高地	
		部分转化、部分弘扬、部分发展	√
		难以转化、难以弘扬、难以发展	

说明：基因特点评价是对解码出来的基因，根据本《导则》表2的要求，围绕"四个力"逐一对表打"√"，进行定性表述

（一）生命力评价

"双林绫绢"轻似晨雾、薄如蝉翼、质地柔软、色泽光亮，素有"凤羽"之美称，被誉为"丝织工艺之花"。"花者为绫，素者为绢"，以纯桑蚕丝织制，自古以浙江湖州为盛。一直以来，在书画、装裱、服饰、工艺品等传统领域扮演着重要角色。新中国成立之后，随着织造、染整、上矾等基础生产环节的技艺改良，湖州绫绢种类不断丰富，绫有重花绫、交织锦绫、金波绫等，绢有彩绢、矾绢、工艺绝缘绢、耿绢等。湖州南浔双林绫绢历史悠久，其特殊的质地和精湛的做工流传至今，具有极强的生命力。

（二）凝聚力评价

双林镇是中国著名的绫绢产地，湖州市双林绫绢厂是国内

· 227 ·

唯一的自织自染的绫绢生产厂。双林地处杭嘉湖水网地带，历来盛产蚕桑，缫丝业相当发达。绫绢系用纯桑蚕丝织造而成，原料取之不尽，用之不竭。历史上，绫绢系双林一带农村家庭手工业的主要产品。绫绢使用脚踏手拉机织成后，由专门的皂坊染色。现代，双林镇上"多黑坊（染包头绢），胶坊（染五色裱绫）"。这些手工业作坊的染工均系本镇人，印染业相当发达，拥有极强的凝聚力。

（三）影响力评价

双林绫绢畅销全国28个省、市、自治区，300多个文化、书画、工艺、美术、外贸、旅游等单位，并出口日本、东南亚、美国等，誉满中外。2008年6月，双林绫绢织造技艺被列入第二批国家级非物质文化遗产名录；2009年9月，双林绫绢织造技艺被列入联合国教科文组织人类非物质文化遗产代表作名录；2016年，创建国家级双林绫绢传承馆，具备广泛的影响力。

（四）发展力评价

双林绫绢轻似晨雾、薄如蝉翼、质地柔软、色泽光亮。绢主要用于代纸作画写字，绫主要用于装裱书画。用绫装裱字画，画面能不打皱、不起翘，显得坚挺优雅。尤其是名贵书画，一经绫绢裱装，在艺术形式上更加完美，顿时身价百倍，能收到悦人目、动人心的艺术效果，给人以完美的艺术享受。现在，绫绢还被用来做民族、戏剧服装，制作宫灯、灯罩、风筝、屏风、绢花等工艺美术产品，糊饰精美的工艺品锦匣和高级楼堂宾馆饭厅的内壁等，具备很好的旅游产品创造性转化前景。

三、核心基因保存

"轻似晨雾、薄如蝉翼、质地柔软、色泽光亮的特质"是双林绫绢的核心文化基因,其实物保存形态为绫绢实物及其织造技艺,此外还有文字资料和视频资料,文字资料为《双林绫绢织造技艺》(浙江摄影出版社2014年出版),视频资料有《中国桑蚕丝织技艺——双林绫绢上》《中国桑蚕丝织技艺——双林绫绢下》。

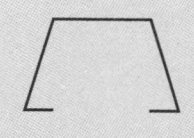

双林三桥

浔溪溯源　南浔文化基因

双林三桥

在双林镇新街社区北端的双林塘上，横卧着三座南北走向的三孔石拱桥，从东至西分别为万元桥、化成桥和万魁桥，每座桥长 50 米左右，三桥造型壮观挺拔，气势雄伟，近看依依相望，远眺层层相叠，有姐妹之称，又有凤凰尾之说，为江南仅有，是湖州东南部胜景之一。三桥始建于明代以前，均为市级文保单位。三桥结构巧妙，工艺精湛，桥上构件实用而美观，具有较高的艺术美学价值和文化内涵。双林三桥于 2005 年被列为浙江省文物保护单位，2013 年被列为第七批全国重点文物保护单位。充分挖掘其蕴含的独特价值，有利于传统文化的创造性转化和创新性发展。

一、要素分解

（一）物质要素

1. 石材作为主要建筑材料

化成桥为三桥中最早建成的，因由化成庵僧捐建而得名，又因跨塘河，俗名塘桥。万元桥于清雍正八年（1730）环石，道光十四年（1834）重建。万魁桥在化成桥西122米处。康熙元年（1662）环以石，康熙八年（1669）落成，乾隆五十五年（1790）改建，至乾隆五十八年（1793）与化成桥同时落成。万魁、化成、万元三桥同跨双林塘，均为三孔薄墩薄拱实腹石拱桥。

2. 水乡泽国的自然环境

双林三桥位于湖州市双林镇，是双林镇的交通要道。双林镇水系发达，河道交错，田畴纵横，密布的河网衍生了富有地方特色的水乡文化，古人出行有"无桥不成路"的说法。千百年来，生活在这片土地上的人们择水而居、依水而荣、与水为善。

（二）精神要素

1. 天人合一的观念

双林三桥在浙江省内乃至全国都有一定的知名度，见载于茅以升《中国古桥技术史》和徐望法《浙江古代道路交通史》等权威专著。人们在乘船时远远望去，随着船身的晃动，就会看见三桥上下层叠,仿佛彩凤摆尾。桥中有桥,如水上白鹅展翅,岸上桑林摇影。尤其是黎明时分,在万魁桥孔中看日出,朝阳喷薄,云蒸霞蔚,似游龙腾游于烟波之上。

2. 期望吉祥美好的情感

据传,明太祖朱元璋的军师刘基,学识渊博,上知天文下知地理,会看风水,他路过双林,感叹双林是块宝地,双林镇南的杨桥为凤首,桥墩双井为凤目,镇东的虹桥与镇西的大通桥相对,则为凤翼,镇北的万魁、化成、万元三桥并驾齐驱,为凤尾。乘船在远处就可以看到三桥仿佛凤尾,当船驶入桥下时,凤尾又化作贯穿运河的长龙。三桥高长相匹,鱼贯而列,形成了水乡泽国难得一见的壮丽景观,令人难以忘怀。

(三)语言与象征符号

桥中含桥、气势雄伟的美学式样

三桥造型壮观挺拔,并列而立,远观上下层叠,结构巧妙,工艺精湛,桥上构件实用而美观,具有较高的艺术美学价值和文化内涵。

万元桥长51米,宽3.5米,高7米,中孔跨径13.6米。拱券采用纵联分节并列砌置法,用5根长系梁加固。两块各有石阶44级,桥顶护栏用花岗岩凿成吴王靠,供行人歇足。护栏石间有望柱20根,饰刻姿态各异的石狮10对,形象栩栩如生,栏板末端设有抱鼓石。为了方便行人推车,在桥栏旁浇灌了水泥便道。桥孔旁镶嵌了4—5米的石柱。

化成桥桥形结构与万元桥相同。全长46米,宽3.4米,高6.6米。拱券采用分节并列式砌置法,肩墙为钉靴式砌筑,用5对长系石加固。桥南台阶41级,桥北为36级。桥南与街道连接,商店林立。护栏置吴王靠供行人休息,石栏板与16根望柱相接,其末端置抱鼓石,并雕有一对伏狮。

万魁桥高6.8米,长51米,宽3.2米。两坡各有台阶40级。两侧置有素面栏板,桥顶凿成吴王靠,栏板末端安抱鼓石,栏板间嵌望柱24根。桥侧一对石柱上刻有楹联。

二、核心基因提取与评价

双林三桥完整地体现出江南水乡古镇"天人合一"的环境特色,散发着原汁原味的生活气息。其核心基因为"桥中含桥、气势雄伟的美学式样+期望吉祥美好的情感"。

双林三桥核心文化基因评价依据

评价项目	评价因子	评价依据(特点)	是否
生命力评价	文化基因存续的时间	自出现起延续至今,未曾明显中断	√
		自出现起延续至今,但多次衰微、中断后复兴	
		曾明显衰败,改革开放后开始复活复兴或历史溯源关键环节缺失,难以考证	
		文化形态主体已灭失,现存部分痕迹	
	文化基因的稳定性	在发展过程中保持相当稳定的状态	√
		在发展过程中存在明显的精神内涵、表现形式剧变	
凝聚力评价	文化基因的凝聚力及社会动员效果	曾广泛凝聚起区域群体的力量,显著推动过社会经济文化的发展	√
		曾部分凝聚起区域群体力量,对社会经济文化的发展产生过影响	
		凝聚过力量,创造过实际的发展动能,但未见对社会经济文化发展产生显著改变	
		仅在历史文献或口耳相传中存在,未见实际介入社会经济发展	

续表

评价项目	评价因子	评价依据（特点）	是否
影响力评价	辐射的范围	具有全国性、世界性的影响力	√
		具有长三角区域、浙江省影响力	
		具有市县、乡镇影响力	
	提炼的高度	已经被古代文人士大夫和当代学者提炼为精神符号和理念理论	
		单纯的样式、造型、工艺技术规范	√
发展力评价	与当代精神追求和价值观念的契合	传统文化基因得到创造性转化、创新性发展；区域革命文化基因被完整继承、广泛弘扬；区域社会主义先进文化基因成为与浙江"三个地"相适应的文化高地	
		部分转化、部分弘扬、部分发展	√
		难以转化、难以弘扬、难以发展	

说明：基因特点评价是对解码出来的基因，根据本《导则》表2的要求，围绕"四个力"逐一对表打"√"，进行定性表述

（一）生命力评价

双林三桥位于双林镇新街社区北端的双林塘上，为三座南北走向的三孔石拱桥，从东至西分别为万元桥、化成桥和万魁桥，三桥高长相匹，鱼贯而列，形成了水乡泽国难得一见的壮丽景观。三桥建于明清两朝，是双林古桥中的代表性建筑。双林三桥在中国桥梁史上占有重要地位，其桥中含桥、气势雄伟的美学式样传承至今，具有极强的生命力。

（二）凝聚力评价

湖州双林三桥为湖州东南部胜景之一，高长相匹，雄峙镇北，在同一条河上相距不到400米之间连跨三桥，实为少见。乘船遥望，人们会随着船身的波动看见三桥层叠上下，仿佛彩凤摆尾，气势壮观。化成桥、万元桥、万魁桥如三道长虹争跃

· 237 ·

于碧波之上，瑰丽多姿，令人赞赏，吸引了众多游人前去参观游览。

（三）影响力评价

双林三桥雄峙镇北，现为第七批全国重点文物保护单位。以"三桥"为代表的桥文化景观具有较高的历史价值和文化品位，每当日出时，朝阳喷薄，云蒸霞蔚，在船上眺望，双林三桥宛若"甲光向日金鳞开"的游龙，上下腾舞，雄奇无比。

（四）发展力评价

双林三桥古有凤尾之喻，镇东虹桥与镇西大通桥相对成为凤翼，双林镇南的杨桥为凤首。塘河东有织旋漾，西有风光漾。"三桥凤舞，双漾龙吟"，整体体现出江南水乡"天人合一"的环境特色，是原汁原味的江南水乡风格，三桥层叠上下，吞吐浮沉，极为壮观。其中蕴含的桥中含桥、气势雄伟的美学式样特征及期望吉祥美好的情感具备很好的旅游产品创造性转化前景。

三、核心基因保存

"桥中含桥、气势雄伟的美学式样+期望吉祥美好的情感"是双林三桥的核心文化基因,其实物保存形态为位于湖州南浔双林镇的双林三桥,视频资料有《双林三桥》。

中共浙西北特委旧址

浔溪溯源　南浔文化基因

中共浙西北特委旧址

中共浙西北特委旧址位于南浔区南浔镇浔北村姚家滩（颐塘北岸），是抗日战争时期浙西北党组织和一些重要会议所在地。1941年2月，中共苏皖区党委为加强对浙西路东各县和江苏锡南、苏西地区党的工作的统一领导，决定建立中共浙西北特委，由朱辉任书记，刘烈人、张鏖、徐明为委员，辖路东片的吴兴县委（含江苏吴江县的严墓区委）、嘉兴县委、海北工委，以及江苏锡南、苏西地区的太湖县委。新四军第五十二团一个营的部队配合浙西北特委行动。1942年2月,由于国民党顽固派反共活动不断加剧,中共浙西北特委领导的敌后抗战出现严重困难,苏皖区党委决定,浙西北特委撤离南浔,将浙西北特委与太滆特委合并,浙西地区除留下少数干部坚持以外,其余干部撤往太滆地区。

一、要素分解

（一）物质要素

优越的地理位置

中共浙西北特委旧址位于浔北村姚家滩。东面是大运河，北面是京杭国道，水陆交通便利，自然条件优越；位于镇郊，敌人控制比较薄弱，利于疏散。当时朱辉和爱人汪群同志在此开展革命活动，组织、领导浙西北人民群众投入全国的抗日战争。

（二）精神要素

1. 党史研究的价值

党的重要机构旧址是党的历史的缩影，是一部"立体的党史，有形的党史，无声的党史"。中共浙西北特委的历史，是湖州、嘉兴乃至苏浙地方党史的重要组成部分。然而，目前这方面史料的征集、研究还比较薄弱。对于这段历史，有关党史正本、包括《中共湖州党史》（第一卷）尽管有所记载，但总体上仍然比较简略。其中一个重要原因，是相关史料的掌握还不够全面，研究还不够深入。做好该旧址保护、利用工作，对于推动这一时期史料的征集、整理，深化地方党史研究来说，具有重要的历史价值。

2. 资政育人的价值

革命旧址是传承红色基因、弘扬革命文化、加强爱国主义教育、培育社会主义核心价值观的宝贵资源。中共浙西北特委旧址是浙西北地区党组织领导人民抗日斗争的重要见证。浙西北特委建立后，以开店为掩护，坚持敌后抗战。根据当时的斗争形势，认真贯彻"隐蔽精干"方针，适时调整党的组织，不断改进活动方式，大力开展群众工作，取得显著成绩。据有关史料记载，在特委领导下，嘉兴县委通过在康和桥发动罢工，一次就组织20余名青年参加了新四军。浙西北特委坚持敌后抗战的英勇事迹、革命精神和历史经验，是资政育人的宝贵财富。另外，从南浔区的情况看，这里尽管已建有多个爱国主义教育基地，但与长兴、安吉等地比较，其规模和影响力相对较小。做好中共浙西北特委旧址保护、利用工作，对于打造有一定影响力的爱国主义教育基地、传承红色基因具有重要的时代价值。

3. 红色旅游的价值

革命旧址是见证和展示某一特定历史的重要场所与载体，是开展红色旅游的资源基础。改革开放以来，南浔古镇的旅游业得到长足的发展，但红色旅游方面的景点不多。中共浙西北特委旧址是抗日战争时期浙西北党组织和一些重要会议所在地，是革命先辈留给南浔的不可多得的红色资源。从横向看，它与浙西特委、浙江省委、中共中央东南局、包括苏南党组织和南浔人民的抗日斗争有着密切联系，隐含着大量的历史信息和红色文化。从纵向看，它又是党领导南浔人民开展革命斗争的重要一环，如果与王尔琢演讲处遗址、菱湖湖州中心县委联络站遗址、长超抗战英雄纪念碑、吴兴县抗日民主政府旧址、南浔革命烈士陵园等红色资源结合起来，加以有效整合，还可以形成一定规模效应，起到弥补旅游业短板的作用。因此，做好该旧址保护、利用工作，对于发展红色旅游，带动经济社会协调发展也具有重要的意义。

（三）制度要素

1. 加强管理，制定相应的保护措施

首先按照《文物认定管理暂行办法》和《不可移动文物认定导则（试行）》的要求，报请上级文物行政部

门将浙西北特委旧址定为不可移动文物。根据其历史、文化价值，申报相应级别的文物保护单位。在此基础上，从实际需要出发，划定保护范围，维系独立空间，并落实到国土空间规划和相关专项规划中，予以严格保护；设立醒目的标志碑，载明旧址名称、保护级别、认定机关、认定日期等基本情况，向群众进行宣传；建立健全记录档案，全面记录和反映旧址保养维护、改造使用等人为干预情况。要落实专门管理机构，明确工作职责，加强对旧址的日常检查和养护，实施动态管理。同时，统筹管理、保护和利用工作，根据需要组织开展旧址本体修缮、周边环境整治和相关陈列展示等项目。

2. 注意维护，最大限度地保持旧址本体及环境的原状

革命旧址的保护，重在维护旧址本体安全和特有的历史环境风貌，最大限度保持和呈现历史真实性、风貌完整性和文化延续性。根据浙西北特委旧址的现状，特别是随着城乡建设扩大化、周边建筑规模和体量增加，近年来旧址保存空间不断被压缩，亟待采取有效措施加以保护。一方面，应进行抢救性维护，包括必要的修缮。需要注意的是，旧址的修缮应以不损害旧址保存现状、不改变旧址原貌为原则。鉴于该旧址原状已有一定变化的实际，应对其本体的建筑格局、外观、材料工艺、生活设施，周边具有标识性的地形地貌、水体和植被等历史信息，详细鉴别论证，最大限度地保持旧址本体和抗日战争时期环境的原状。另一方面，要抓好周边环境整治。以保护文物安全、保持历史景观、突出文化价值、保障合理利用为出发点，清理引起污染、震动等外力因素和影响历史环境风貌的各种杂物，以及影响历史氛围的不相容业态。与此同时，做好周边单位和居民的宣传、协调工作，使保护革命旧址成为大家的自觉行动，严格控制周围环境影响，防止自然和人为因素的破坏。

3. 合理利用，发挥其资政育人的作用

革命旧址保护应与展示利用相统筹。浙西北特委旧址修缮后，可在符合保护要求的前提下，充分发挥其综合服务功能和资政育人作用。根据其原为居住用房及产权属国家所有的情况，可以适当添设现代生活设施，继续延续原有的居住功能；也可根据需要，改为党员（青少年）活动中心、图书（档案、资料）馆、干部教育培训机构等公共服务设施。无论发挥何种功能，都应同时以合适的方式呈现该旧址作为革命事件发生地的完整信息。本着"旧址就是最重要的文物展品和展示空间"的理念，利用旧址及其环境空间举办相关陈列活动，开展教育活动，做到有址可寻、有物可看、有史可讲、有事可说。同时，要与文化建设、旅游发展相结合，与中小学教育、干部教育相结合，与脱贫攻坚、乡村振兴相结合，积极拓展传播渠道，尽可能扩大受众，充分发挥旧址资政育人的作用，使之成为爱国主义教育的基地、红色旅游的重要景点。如需要依托旧址新建或改扩建为纪念设施（纪念馆或陈列馆），须按照有关规定履行审批程序。

4. 夯实基础，加强史料征集、研究工作

国家文物局印发的《革命旧址保护利用导则（2019）》指出，革命旧址保护和利用，应当以全面深入的研究为基础。文物行政部门及革命旧址管理机构应当会同有关研究机构，在充分吸收党史、军史权威部门最新研究成果的基础上，进一步加强对革命旧址核心价值的研究和宣传工作，注重传播革命文化、传承红色基因，弘扬革命精神，发挥资政育人作用。为补充相关陈列，传承红色基因，应突出重点，聚焦旧址所处时代的抗日人物、活动、事件，加强史料的征集、研究和成果转化工作，阐发革命精神的时代价值，以丰富的内容和丰满的细节增强陈列的说服力、感染力。

二、核心基因提取与评价

通过纵横对比和综合评价,提取出的中共浙西北特委旧址核心文化基因有两个:一是"红色资源和红色基因的传承";二是"革命先烈勇于斗争的红色精神"。

中共浙西北特委旧址核心文化基因评价依据

评价项目	评价因子	评价依据(特点)	是否
生命力评价	文化基因存续的时间	自出现起延续至今,未曾明显中断	√
		自出现起延续至今,但多次衰微、中断后复兴	
		曾明显衰败,改革开放后开始复活复兴或历史溯源关键环节缺失,难以考证	
		文化形态主体已灭失,现存部分痕迹	
	文化基因的稳定性	在发展过程中保持相当稳定的状态	√
		在发展过程中存在明显的精神内涵、表现形式剧变	
凝聚力评价	文化基因的凝聚力及社会动员效果	曾广泛凝聚起区域群体的力量,显著推动过社会经济文化的发展	√
		曾部分凝聚起区域群体力量,对社会经济文化的发展产生过影响	
		凝聚过力量,创造出实际的发展动能,但未见对社会经济文化发展产生显著改变	
		仅在历史文献或口耳相传中存在,未见实际介入社会经济发展	

续表

评价项目	评价因子	评价依据（特点）	是否
影响力评价	辐射的范围	具有全国性、世界性的影响力	√
		具有长三角区域、浙江省影响力	
		具有市县、乡镇影响力	
	提炼的高度	已经被古代文人士大夫和当代学者提炼为精神符号和理念理论	√
		单纯的样式、造型、工艺技术规范	
发展力评价	与当代精神追求和价值观念的契合	传统文化基因得到创造性转化、创新性发展；区域革命文化基因被完整继承、广泛弘扬；区域社会主义先进文化基因成为与浙江"三个地"相适应的文化高地	√
		部分转化、部分弘扬、部分发展	
		难以转化、难以弘扬、难以发展	

说明：基因特点评价是对解码出来的基因，根据本《导则》表2的要求，围绕"四个力"逐一对表打"√"，进行定性表述

（一）生命力评价

中共浙西北特委旧址核心基因有着较强的生命力。其红色资源和红色基因的传承延续至今，未曾明显中断，且在发展过程中保持稳定。不同时代的人们面对不断出现的新情况、新问题，继承革命先烈勇于斗争的红色精神，使这种精神自出现起延续至今，未曾明显中断。

（二）凝聚力评价

中共浙西北特委旧址红色基因的传承和革命先烈勇于斗争的红色精神密不可分，显示了中共浙西北特委旧址核心基因较强的凝聚力。

（三）影响力评价

中共浙西北特委旧址是浙西北地区党组织领导人民抗日斗争历史的重要见证。革命旧址是传承红色基因、弘扬革命文化、加强爱国主义教育、培育社会主义核心价值观的宝贵资源。

（四）发展力评价

中共浙西北特委机关旧址将作为爱国主义教育红色主题展馆对外开放。今后将成为南浔区党员干部开展党史教育、接受红色洗礼、传承革命传统的重要爱国主义教育场所。区域革命文化基因被完整继承、广泛弘扬。

三、核心基因保存

中共浙西北特委机关在南浔镇的驻地，原为特委书记朱辉夫人的家——南浔镇运河以北的姚家滩汪宅。这里既是湖州地区党组织发展的重要历史见证，也是党领导人民开展抗日斗争的重要历史见证。但该旧址因年久失修，仅存两楼两底，且墙体破损，部分屋顶塌陷。南浔区对此高度重视，与南浔镇房管所积极协商，于2019年全面启动中共浙西北特委旧址抢救性保护修葺工程。

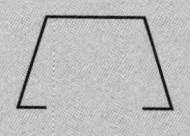

竹墩沈氏

浔溪溯源　南浔文化基因

竹墩沈氏

竹墩村是典型的江南水乡古村，文化底蕴深厚，如今是AAA级景区村庄，闻名海内外的历史文化名村。竹墩村是沈氏家族的发源地之一，沈氏家族于明清时期已成吴兴望族，有着"天下沈氏出吴兴，吴兴沈氏出竹墩"之说。

竹墩村因其地灵人杰、人才辈出为海内外游人所熟知，竹墩历史上产生过多名状元、进士和举人，可以这么说，唐初以前"天下沈氏出武康"，中唐以后，尤其是到了近代，"天下沈氏出竹墩"。如沈尹默、沈迈士等文化名人都是竹墩村人。

一、要素分解

（一）物质要素

人杰地灵、名人辈出

竹墩沈家一直人才辈出，以从政当官和书画文人居多，现竹墩沈氏后代遍布海内外各地，有"天下沈氏出竹墩"之称。沈氏人才鼎盛，见诸史传者百余人，以唐代宗睿真皇后沈氏最为有名。

到了清朝康熙年间，"竹墩沈"迎来了鼎盛时期。开启这一时期的便是一位居家课艺的翰林——沈三曾。康熙十五年（1676），沈涵、沈三曾兄弟为同榜进士，同入翰林。到了康熙五十一年（1712），沈三曾的儿子沈树本高中榜眼。沈三曾的孙子沈荣仁、沈荣光、沈咸熙也连中进士，成为翰林院的青年才俊。竹墩的沈炳震、沈炳巽兄弟，前者有《唐书合钞》，后者有《水经注集释订讹》等著作传世。

1911年11月5日，湖州教育会会长、竹墩人沈谱琴和湖州府中学堂督学、湖州鲍山人钱恂率领中学堂的学生军发动起义，驱走了清朝统治者，宣布湖州光复。1916年，北京大学教授、湖州鲍山人钱玄同（钱恂之弟）和竹墩人沈尹默（沈谱琴族侄）担任《新青年》主编，扛起了新文化运动的大旗。在中国近代的风起云涌中，"竹墩之沈"续写风流，"鲍山之钱"

新开篇章。

沈尹默是新文化运动中积极倡导白话诗并产生重大影响的诗人之一。他的白话诗《月夜》被称为"第一首散文诗而备具新诗的美德"。沈尹默和胡适、刘半农是最早在《新青年》上尝试新诗创作的，被誉为新文化运动新诗创作"三巨头"。沈兼士是沈尹默之弟，为当代著名学者。沈迈士是当代著名书画家，曾与沈尹默合作书画展览三次，在书画界卓有声誉。他的作品融诗、书、画于一体，为艺苑所推崇。

（二）精神要素

1. 耕读传家的观念

田间收种忙，案头文墨香。耕读传家久，诗书济世长。竹墩沈氏讲修身、重耕读、讲礼仪、严教子的规范，不仅影响着一代代族人，也影响着当地的民风，在当地形成了浓厚的耕读传家的文化氛围。家风虽无法触摸，但它却无处不在，如春风化雨，培育了竹墩沈氏族人从小勤奋读书、勤俭持家的美好品质。

2. **渊德懿行、以让第一的品格**

竹墩村文化底蕴深厚，在漫长的发展过程中，形成了"忠、孝、仁、义、礼、智、信、廉、勇"的优秀传统美德，塑造了良好的家风文化。南宋以后，竹墩村在朱、茅、吕、石、沈、吴、姚、陈诸姓家族的勤劳经营下，地灵人杰，甲第蝉联，冠裳鳞集，代有伟人。尤其村中的沈氏，更是名人辈出，在沈、朱、吴、姚四族浸染的深厚人文氛围中，全村叔侄同科、兄弟同甲、甥舅同考者，比比皆是。

（三）制度要素

体系完整的家风规范

竹墩沈氏族规家训的核心是：耕

读传家，崇尚蒙养（劳动、教育从小抓起）；孝悌传世，仁和谦让（孝心、和睦阖族弘扬）。沈氏族规十戒是：大不孝者出族，如骂父母、夺产分居；大不悌者出族，如骂伯叔、殴辱兄嫂、凌虐弟侄；为盗贼者出族；为奴仆者出族；为优伶者出族；为皂隶者出族；奸淫乱伦者出族；妻女淫乱不制止者出族；盗卖祭产、坟树、坟石者出族；担任本乡里保长者出族。具体的家训十五条是：一、祭扫坟墓，每岁不可缺；二、和睦宗族；三、孝敬父母；四、教养子弟；五、勤于职业；六、慎重品行；七、崇尚节俭；八、慎重丧葬丧礼；九、早晚学课；十、戒止争讼；十一、严戒非分；十二、禁入会党；十三、禁防邪蠹；十四、宽驭奴婢；十五、随力行善，为积德昌盛之基。

二、核心基因提取与评价

南浔区菱湖镇的竹墩村，是浙江省历史文化名村，地灵人杰，有"华夏沈氏故里、水乡进士古村"的美誉。竹墩沈氏人才辈出，后代遍布海内外各地。通过全面深入分析竹墩沈氏的文化元素，将其核心基因表述为"渊德懿行，以让第一的品格＋体系完整的家风规范"。

竹墩沈氏核心文化基因评价依据

评价项目	评价因子	评价依据（特点）	是否
生命力评价	文化基因存续的时间	自出现起延续至今，未曾明显中断	√
		自出现起延续至今，但多次衰微、中断后复兴	
		曾明显衰败，改革开放后开始复活复兴或历史溯源关键环节缺失，难以考证	
		文化形态主体已灭失，现存部分痕迹	
	文化基因的稳定性	在发展过程中保持相当稳定的状态	√
		在发展过程中存在明显的精神内涵、表现形式剧变	
凝聚力评价	文化基因的凝聚力及社会动员效果	曾广泛凝聚起区域群体的力量，显著推动过社会经济文化的发展	√
		曾部分凝聚起区域群体力量，对社会经济文化的发展产生过影响	
		凝聚过力量，创造过实际的发展动能，但未见对社会经济文化发展产生显著改变	
		仅在历史文献或口耳相传中存在，未见实际介入社会经济发展	

续表

评价项目	评价因子	评价依据（特点）	是否
影响力评价	辐射的范围	具有全国性、世界性的影响力	√
		具有长三角区域、浙江省影响力	
		具有市县、乡镇影响力	
	提炼的高度	已经被古代文人士大夫和当代学者提炼为精神符号和理念理论	√
		单纯的样式、造型、工艺技术规范	
发展力评价	与当代精神追求和价值观念的契合	传统文化基因得到创造性转化、创新性发展；区域革命文化基因被完整继承、广泛弘扬；区域社会主义先进文化基因成为与浙江"三个地"相适应的文化高地	
		部分转化、部分弘扬、部分发展	√
		难以转化、难以弘扬、难以发展	

说明：基因特点评价是对解码出来的基因，根据本《导则》表2的要求，围绕"四个力"逐一对表打"√"，进行定性表述

（一）生命力评价

浙江省湖州市菱湖镇竹墩村，是沈氏家族发源地之一。目前最完整的沈氏宗谱记载，沈氏一祖姓姬，系周文王第十子，称沈子国。春秋时楚灭沈国，自此子孙以国为姓。至二十八世沈郢被征为秦时丞相，不就，避居江南，为沈氏江南之祖。汉光武帝刘秀起兵，三十九世沈戎助刘秀平剿尹良有功，汉光武帝刘秀封沈戎为海昏侯，沈戎不就，徙乌程，遂为吴兴沈氏之祖。沈氏四十世沈丰生二子，长子沈景一系为武康沈氏。次子沈高一系为竹溪（竹墩）沈氏。武康沈氏谱记简略，犹如断珠，渐渐湮没。竹墩沈氏由沈约、沈麟士著述传世，谱系清晰，有案可查，未曾明显中断，因而具有强大的生命力。

（二）凝聚力评价

竹墩村位于湖州市南浔区菱湖镇，距湖州市中心城区20

千米，是太湖南岸著名的"菱湖粮桑渔区"——菱湖湿地的中心。新农村建设让竹墩成了旅游胜地，遍布世界各地的沈氏后人纷纷寻根问祖来到竹墩。2005年3月16日，韩国丰山沈氏大宗会寻根访问团一行25人来到竹墩村，在沈氏宗祠遗址举行了"丰山沈氏大宗会寻根碑"揭碑仪式。经媒体传播，"天下沈氏出吴兴，吴兴沈氏出竹墩"之说始行世。

（三）影响力评价

湖州菱湖镇竹墩村是沈氏家族发源地之一，近年来，海内外沈氏族人奉"竹"为沈氏图腾，纷纷至竹墩村寻根问祖，并将吴兴沈氏郡望地竹墩称为"华夏沈氏故里"之重要聚居地。竹墩村文化历史底蕴深厚，素以"天下沈氏出吴兴，陌上根基在竹墩"而闻名，村内文人志士辈出，涌现了一代代书画名家和匠师，《沈氏家训》讲修身、重耕读、讲礼仪、严教子的规范要求不仅培育出一批为国为民做出杰出贡献的沈氏贤达，也影响着当地的民风。

（四）发展力评价

地处杭嘉湖平原、东苕溪东岸的竹墩村，是亚洲沈氏家族的祖居地，历史上人才辈出，培育过沈尹默、沈炳震等文化名人。从唐代宗睿真皇后沈氏的汉白玉雕像到沈氏家庙禅智寺，从状元桥到长春书院，每处景点都彰显着浓厚的文化底蕴，也牵引出人们内心的"乡愁"。竹墩村通过"活态"保护、整治环境、修复古村落等举措，聚力乡村旅游规划及村庄运营，依托竹墩沈氏浓厚的家风家训故事，以弘扬沈氏文化、乡贤文化、家风文化为主基调，大力开展乡村文化振兴行动，促进乡村文化繁荣，具备很好的创造性转化、创新性发展前景。

三、核心基因保存

"渊德懿行,以让第一的品格+体系完整的家风规范"是竹墩沈氏的核心基因组合。其保存形态为竹墩沈氏相关实物材料,包括众多名门望族的大宅院,如承志堂,在竹墩村仍有旧屋,且结构基本未变。相关文字资料有《沈尹默家族往事》(中国文史出版社2013年版)。此外相关视频材料有《湖州竹墩村沈氏》。

"浙江文化基因丛书"后记

浙江濒海多山，古为百越之地，地少民贫。先民断发文身，披荆斩棘，筚路蓝缕，艰苦创业，卧薪尝胆，徐图自强，始稍为中原所识。山海情怀，越地长歌，独特的地理人文环境孕育出浙江艰苦奋斗、励精图治、百折不挠、勇攀高峰的地域文化性格和兼容并包、发展创新的人文精神。因以鸟虫篆、《越人歌》为表征的楚越文化交融和徐偃王流亡越地、勾践北上争霸等历史事件的发生，越地逐渐融入中原文明。及至东晋衣冠南渡，中原贤良缙绅避乱会稽，兰亭雅集、永嘉诗会，王谢风流所及，中原文化和越文化相互碰撞融合，这片神奇的土地在吸收大量中原先进文化基础上，生发出更多独具特色、丰富璀璨的文化颗粒，散点分布于浙江的山山水水之间。

隋唐以降，一条大运河通到钱塘，凡所流经之县域，皆成人文渊薮。浙东唐诗之路，如明珠嵌璧；越窑青瓷，千峰翠色风靡长安。浙江依托这条水上"高速公路"迅速崛起，在经济高效快速地融于全国的同时，也向全国展现了别样精彩的浙江文化，对中原产生巨大影响。唐末五代中原战乱之际，吴越国钱王保境安民，举世惶惶而越地独安，浙江又一次成为全国士子避祸传学之地，浙江的原生文化和中原文化水乳交融，极大地提高了浙江的人文学术水平。及至南宋定都临安（今浙江杭州），孔裔迁衢，杭州乃至浙江逐渐成为中华文化传承发展中心、全国的文化学术高地。有元一代，人文日渐凋敝，而浙江独领风骚。湖州赵孟頫成为有元一代赓续中华文脉之砥柱。赫赫有名的"元四家"，黄公望（常熟人，曾隐居富春）、王蒙（湖州人，曾隐居临平）、吴镇（嘉兴人，曾卖卜钱塘）、倪瓒（无锡人，曾浪迹太湖）在学习传承赵孟頫的文化艺术精髓基础上，各显其能，自成面目，为传承发展中华文化艺术作出了卓越贡献。明清以来，浙江士林，更为全国翘楚，文化勃兴，领袖群伦。浙江文脉渊深，有容乃大，继承发展，才俊迭起。事功之学、阳明心学、浙东学派、南戏越剧、《古文观止》、丝瓷茶剑、西泠印社、兰亭雅集等，更是中华文化中耀眼的明珠。浙东音声，渐如潮涌；黄钟大吕，照灼云霞。

晚清时期，中华危亡。辛亥鼎革，浙江文化所孕育的优秀儿女更是为中华千古未有之变局作出了重要贡献，秋瑾、徐锡麟、蔡元培、章太炎、鲁迅等，允文允武，可歌可泣，数不胜数。为全面赶上世界发展，全省各地掀起了重视文教事业、培养人才、发展经济的高潮。各类藏书楼、图书馆、新式院校纷纷创设，浙江人又一次发扬卧薪尝胆、奋力赶超的浙江精神，使浙江成为当时全国省域文化发达、人才众多的省份。

新中国成立后，浙江人励精图治，无论干部还是群众，都本着务实精神，立足现状，踔厉前行。即便在"文革"时期，浙江的经济、文化发展水平都显著好于其他兄弟省市，这和浙江人文内核的务实精神和文化基因的原生动力息息相关。改革开放以来，浙江更是勇做弄潮儿，充分发挥"四千精神"，培养人才，发展经济，以全国陆域较少、自然资源缺乏的省份，一举成为名列前茅的文化大省、经济强省。

历数千年，浙江以落后的山林草野原生文化，不断与吴楚和中原文化交融互鉴，融合创新，发展壮大，绝非历史偶然。浙江以其独特的文化基因和历史面貌正引起国内外专家学者的广泛兴趣，以期通过对浙江文化的研究来更好地理解中华文明，为中华文明的伟大复兴寻径探源，通过解析全省多点、散点分布的各类文化颗粒和文化价值观、文化形态、文化载体，系统研究、条分缕析在地文化基因和独特的文化原动力。构建中国文化基因理念体系，挖掘文化遗产背后蕴含的哲学思想、人文精神、价值观念、道德规范，是一项新课题、新任务。浙江在推动高水平文旅融合、建设共同富裕示范区的进程中，以解码文化基因为切入点，为构建中国文化基因理念体系提供地方经验。

研究浙江文化基因，就是对披着传统文化外衣的各类庸俗低俗的迷信活动加以甄别，科学分析，正本清源。以挖掘、激活浙江的优秀文化基因为抓手，推进文旅深度融合；有机整合乡村文化礼堂、农家书屋、场馆院团、城市书房等城乡文化资源，丰富群众文化活动。拓展新型公共文化空间，持续推动优质文化资源直达基层。为人民群众创造一个良好的文化大环境，强化文化自觉和文化自信；为浙江文化高质量传承发展厘清路径，为新时代浙江发展优秀的社会主义先进文化打好基础。文化兴则国运兴，文化强则民族强。文化基因的研究以及激活应用是浙江建设文化强省的重要切入点，是民智之本、百年大计。

我们要深入学习贯彻党的二十大精神和习近平文化思想，全面挖掘和激活浙江文化基因，推动新时代中国特色社会主义文化建设。以高质量发展为目标、融合发展为重点，紧扣激活优秀文化基因、提供优秀文化产品这个中心，厚植浙江经济社会发展文化软实力。

2024年1月，全省宣传思想文化工作会议提出，要全面贯彻习近平文化思想。浙江作为文化大省，肩负起新时代文化使命，在优秀传统文化的传承发展领域开展了积极的探索。我们要不断学习贯彻习近平总书记关于中华优秀传统文化的重要论述和关于文明交流互鉴的重要论述，让文化基因的研究成果走入校园、走进课堂，成为鲜活的爱国主义教育载体、生动的"课程思政"教育实践、开放的当代青少年国际视野素养培育抓手。将浙江文化基因研究成果制作成微视频"浙江文化基因"课程（双语），通过教育信息技术实现从碎片到整体、从实地到课堂、从单一到系列的 MOOC/SPOC 转换，实现浙江文化基因在青少年群体中的代际传递，助力文化基因融入当代、植根青年，实践出一条富有浙江特色的文化传承发展新路径，为中国"培养社会主义建设者和接班人"这一宏伟目标服务。

若有所成皆非易，凝心聚力要躬行。各地课题组在当地乡土专家和各地高校文史专家的鼎力协助下，进深山到大海，调研足迹遍布海澨山陬。通过田野调查、走访座谈、查阅历史卷宗、参考海量文献，历时五年形成的研究成果，凝聚了全省各地众多专家学者和乡土文化耆老的心血，他们为浙江的文化事业作出了很大贡献。致敬他们文化溯源的热忱，学习他们极深研几的精神，真诚感谢他们无私奉献的情怀。由于篇幅有限，涉及面广，无法一一详列参与者，在此一并致谢！

吴　越

甲辰年秋于杭州